BuddhAll

BuddhAll.

All is Buddha.

BuddhAll

密乘寶海 14

五輪塔觀

密教建立佛身的根本大法

洪啓嵩 著

五輪塔觀於密教金胎兩界大法中，是屬於《大日經》胎藏界的最根本大法。是真言行者以地、水、火、風、空等五大五輪，來莊嚴建立自身，並觀察自身為大日如來體性的行法，是密教中建立佛身、法界身的極要觀行。

出版緣起

密法是實踐究竟實相，圓滿無上菩提，讓修行者疾證佛果的法門。

密法從諸佛自心本具的法界體性中流出，出現了莊嚴祕密的本誓妙法，以清淨的現觀，展現出無盡圓妙的法界眾相。

因此，密法的修持是從法界萬象中，體悟其絕對的象徵內義，並從這些外相的表徵、標幟中，現起如同法界實相的現觀。再依據如實的現觀清淨自心，了悟自心即是如來的祕密莊嚴。

從自心清淨莊嚴中，祕密受用諸佛三密加持，如實體悟自身的身、語、意與諸佛不二。依此不二的密意實相，自心圓具法界體性，而疾證佛果，現起諸佛的廣大妙用。

「若人求佛慧，通達菩提心；

父母所生身，速證大覺位。」

這是《金剛頂瑜伽中發阿耨多羅三藐三菩提心論》中所說的話，也是真言密教行者，修證所依止的根本方向。我們由這首偈頌，當能體會密教法中「即身成佛」的妙諦。由此也可了知，密法一切修證成就的核心，即是無上菩提心。

密法觀照法界的體性與緣起的實相，並將法界的實相，與自己的身心眾相，完全融攝為一，並落實於現前的生活當中。這種微妙的生活瑜伽，讓我們的生活與修證不相遠離，能以父母所生的現前身心，速證無上大覺的佛果。

一切佛法的核心，都是在彰顯法界的實相，而密法更以諸佛如來果位修證的實相，直接加持眾生的身、口、意，使眾生現證身、口、意三密成就，而直趨如來的果位，實在是不可思議的密意方便。而這也是諸佛菩薩等無數本尊，為眾生所開啟的大悲迅疾法門。

「密乘寶海系列」總攝密法中諸多重要法門，包含了密法中根本的修法、諸尊行法，以及成就佛身的中脈、拙火、氣脈明點及各種修行次第的修法。

其中的修法皆總攝為偈頌法本，再詳加解說教授。希望有緣者能依此深入密法大海，證得圓滿的悉地成就！

五輪塔觀——序

五輪塔觀是密教的真言行者，以地、水、火、風、空等五大五輪，來莊嚴建立自身，並觀察自身為大日如來體性的行法，是密教中建立佛身、法界身的極要觀行。

而這法門，在密教的金胎兩界大法中，是屬於《大日經》(詳稱為《大毘盧遮那成佛神變加持經》)胎藏界的最根本大法，與金剛界的五相成身觀相對。二者都是修行成就的必備要門。

五輪塔觀又稱為五大成身觀、五輪成身觀或五字嚴身觀。在密法中，視法界為地、水、火、風、空、識等六大所成。我們現觀五大的能觀之心，即是識大，而我們所觀照的五大，即是法界構成的質素。當這六大能常相應瑜伽，我們自身即現前成就五輪塔，也是圓滿了大日如來自身。

而其中所謂的五字，是地、水、火、風、空五大，在梵字中即是阿(a)

𑖀、鑁(vaṃ)𑖪𑖽、嚂(raṃ)𑖨𑖽、訶(haṃ)𑖮𑖽、佉(khaṃ)𑖏𑖽五字。我們在修法時，將「阿」字布於下身，「鑁」字布於臍上，「嚂」字布於心間，「訶」字布於眉，「佉」字布於頂輪，即是成為法界自身的地、水、火、風、空等五輪。如此修持，不只能滅除一切罪業，連天魔也無法加以障礙；終究能成就無上的果位。

因此，在《大日經》卷五的〈祕密漫荼羅品〉中說：「

真言者圓壇，先置於自體；
自足而至臍，成大金剛輪；
從此而至心，當思惟水輪；
水輪上火輪，火輪上風輪。」

這就是要修習真言瑜伽者，觀察自身為地、水、火、風、空等五輪塔的修持根本。修行者以自體為圓壇漫荼羅，與大日如來的法界自體無二無別，所以我們直觀自身即是五大成身的五輪塔。

同樣的在《大日經》卷七的〈持誦法則品〉中說：「

如前轉阿字，　而成大日尊；

法力所持故，　與自身無異。

住本尊瑜伽，　加以五支字；

下體及臍上，　心頂與眉間，

於三摩呬多，　運相而安立。

以依是法住，　即同牟尼尊。」

在此可知，安住於深定中的五輪塔修法，即是本尊瑜伽，能令我們圓同大日如來、釋迦牟尼世尊。

由以上我們能理解，五輪塔觀是即身頓成圓滿的殊勝法門，是殊勝妙機的直捷法門，利根者能依此而圓頓成就。

修學者如果能時常觀照自體即是五輪塔，其實是最幸福光明之事了。當初始之時，我們在寂靜時觀修，直至純熟我們能夠於行、住、坐、臥當中，現觀自己是五輪塔時，我們不只會感覺到身心愈來愈輕利自在，且健康無病，與法界同體的覺受也會宛然現起，定力、智慧、悲心也自然而然的增長了。這時，由於法界力所加持，我們逐漸能體悟大日如來與我們自身無異的自覺。而此時，我們當能逐漸的成就無上菩提了。

五輪塔觀能帶給我們世間與出世間的幸福，並讓我們體悟法界平等如一，一切眾生與佛陀無二的甚深智慧。最後，讓我們圓滿成就法界體性的大日如來。

我們能聽聞並修持這個法門，實是生生世世以來，廣大的福德所成具的吧！

從究極的法界體性中
法爾現起
本然的五大祕密
於是讓自身即是法界瑜伽

用漫荼羅的姿勢
歡喜的成為遍照金剛毘盧遮那
如是的佛與佛已完全沒有距離
等一的成為實際真如
本成的大瑜伽者
阿　鑁　嚂　訶　佉
地　水　火　風　空
就是自身
誰能不是大日如來？
是的！就是法界成身
原來這不只是一場廣大遊戲

目錄

出版緣起 003
序 006
前言 015
第一章 五輪塔觀的修證攝頌 023
第二章 皈命禮敬三寶 045
第三章 五輪塔觀的對法眾 065
第四章 善發無上菩提心 083
第五章 五輪塔觀的正見 099

第六章 修持五輪塔觀的方法

第六章 修持五輪塔觀的方法 107
一、淨法界三摩地 107
二、金剛地輪觀 126
三、大悲水輪觀 138
四、智火光輪觀 146
五、風自在力輪觀 152
六、大空輪觀 158
七、五輪五字嚴身觀 171
八、外五輪觀 182
九、迴向 189

附錄一 《大毘盧遮那成佛神變加持經》卷三（節錄） 195
附錄二 《大毘盧遮那成佛神變加持經》卷五（節錄） 212
附錄三 《大毘盧遮那成佛神變加持經》卷七（節錄） 218
附錄四 《五輪九字明祕密釋》（節錄） 224
附錄五 《尊勝佛頂脩瑜伽法軌儀》卷上（節錄） 234

前言

五輪塔觀可稱為五輪觀、五大成身觀或五輪成身觀。這修法是行者以五字莊嚴自身，觀自身等同大日如來。五字是阿(a) 𑖀、鑁(vaṃ) 𑖪𑖽、嚂(raṃ) 𑖨𑖽、訶(haṃ) 𑖮𑖽、佉(khaṃ) 𑖏𑖽，所以又稱為五字嚴身觀。

另一名稱是六大相應瑜伽法，是現觀六大瑜伽成就的修法。六大瑜珈是除了原來的五大（地、水、火、風、空）外再加上識大，於是成為六大瑜伽觀。

另外有一名稱為支分觀，其名稱的由來是《大日經》中云：「**一切支分皆系出現，一切如來支分之身，這是支分觀法。**」

五輪塔觀是胎藏界中最主要的基本觀法，而金剛界以五相成身觀為主要觀法，二者都是修行成就的必要法門。

五相成身觀

又稱五轉成身觀、五法成身觀。係指令行者具足五相而成就本尊身法。這五相是：通達菩提心、修菩提心、成金剛心、證金剛身、佛身圓滿。

五輪塔觀基本上是以阿字觀和月輪觀為根本，所繼續發展出的禪觀。

「**我一切本初，號名世所依，說法無等比，本寂無有上。**」這四句偈是從《大日經》〈轉字輪漫荼羅行品〉所攝出，是毘盧遮那世尊對執金剛祕密主所說的。

一般我們常聽聞「本初」，而這本初在此經中明顯標注。此「我」即為大日如來的本自覺體，所以「我一切本初」是表示大日如來現觀自身的體性即是法界體性。由此，法界等流現起時間，所以其號名為「世所依」，為一切世出世間所依止。安住於法界體性中，一切說法是最為甚深無上、無等比者，而本然寂滅無有上。

在此先將此四句偈提出，是希望各位修習五輪塔觀，先安住在本初的境

五輪塔觀以阿字觀和月輪觀為根本

阿字觀

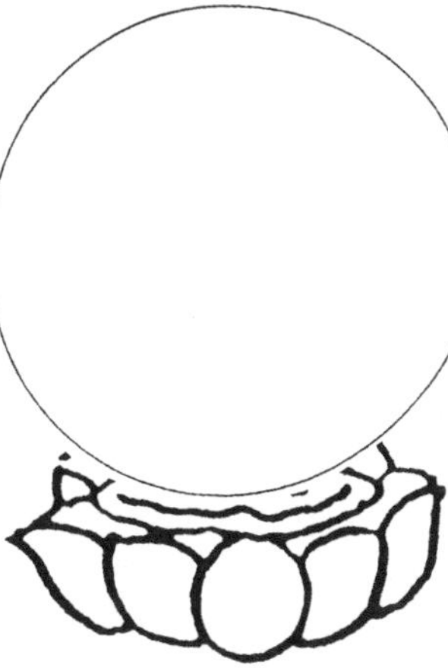

月輪觀

界中，我們現觀自身即是本初大日如來，依此因緣而進入五輪塔觀的修證。

南無大智海毘盧遮那佛

南無五輪觀法門

南無胎藏界賢聖眾

五輪塔觀是從大智海毘盧遮佛的體性中所流出，觀察自身真相所顯為地、水、火、風、空五大，而依識大來現觀了知。

所以此法門與我們自身有很密切的關係，內五大（自己的身體）與法界的外五大是等同如一。

在《五輪九字明祕密釋》中所記載，世界依正的觀法，盡上方世界與盡下方世界，就是內五大與外五大的總攝。

《尊勝佛頂脩瑜珈法軌儀》卷上，除了正依二報的修法外，再加上阿字五轉，一般的修法沒有阿字五轉，這是很特別的修法。

阿字五轉

以阿字為本有淨菩提心之體，將此義配合阿字字音的轉化，而將開顯菩提心的次第衍生為五種法門。

另外，正依二報的圖有兩種畫法，請參考圖示。一種是正依二報的地大結合在一起（參閱圖一），另一種是地大還是維持兩個（圖二）；一般而言，兩個地大是比較如理。

我們身體的地、水、火、風、空，與外界的地、水、火、風、空，是外世界與內世界的統一。在密教的發展中，時輪金剛的示現，所表達也是這個意旨，只是將大日如來轉換為時輪金剛。在藏密中，我們的身體即是稱為中圍，這也是相同的表達。

像陳健民上師一直認為藏密行人應該修習五輪塔觀和五相成身觀，筆者亦很贊同此觀點。如果藏密行人有了這些鞏固的基礎觀法，再進一步修習無上瑜伽的法門，無疑是很大的方便與助益。由於此法是由大日如來體性所流出，所以我們依止毘盧遮那如來。

五輪塔觀的修法，讓我們了解自身現前的五大，與外界的五大其實是等同如一。如此現觀了悟則五識轉為五智，自身五大與法界五大相應不離，所以「我一切本初」。

在此五輪塔觀的修證，我們主要是依止《大日經》來修持。《大日經》是密法中相當重要的經典，希望大家好好受持。

在修證五輪塔觀前，亦希望大家能參閱筆者所著之《月輪觀．阿字觀》，因為此書之禪觀是修學五輪塔觀的重要基礎，如此則能使五輪塔觀的修持更加鞏固，而受益更大。

以下筆者以偈頌的方式，來總攝五輪塔觀的修持心要與方法，並分別在各章中解釋偈頌的意涵，期望能引導各位趣入五輪塔的修證。

而各位在了解五輪塔的內義後，平日直接以「五輪塔觀修持攝頌」作為修持的方便。

五輪塔依正二報圖

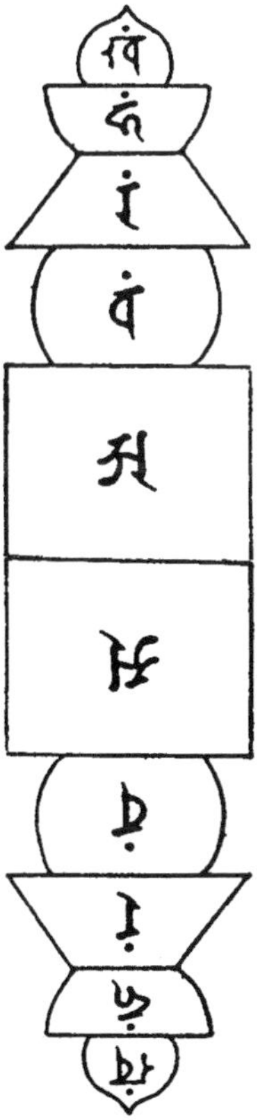

圖二

圖一

022 五輪塔觀

第一章 五輪塔觀的修證攝頌

南無大智海毘盧遮那佛
南無五輪觀法門
南無胎藏界賢聖眾

一、皈命禮敬三寶

皈命法界生如來　五智法身生海印
法界增身周法界　大悲胎藏生平等
大漫荼羅王自持　法界自身表化雲

本地法身大日佛　法界支分如來身
稽首平等法界藏　法界體性三摩地
一切如來一體力　悲生大漫荼羅王
本位加持還自身　相即相入六瑜伽
五字嚴身觀五輪　即身全佛本自身
南無大悲生行者　本位普賢金剛行
色心實相自身佛　輪圓一切五智眾
加持自身持金剛　光明遍照自大日
妙慧悲圓阿闍黎　如本性解演法僧

二、五輪塔觀的對法眾

本因胎藏普賢界　一切如佛全眾生

無始無明覺本初
四大互造遍一身
大悲胎生五輪藏
不可得住本普賢
如是法界當圓聞
諸過得解離因緣
金剛遊戲本三昧
無可得中自成佛
自大輪圓漫荼王
六度四攝幻萬行
息增懷誅敬愛業
五大五輪五智滿
四漫現成圓九重

法爾本心自無初
如來法身遍法界
如法本因恆不離
一切眾生即普賢
覺本不生出言道
知空等空示大空
降伏四魔滿智句
自身成佛自實相
自悲自智自本尊
自金剛王持金剛
六大瑜伽自圓佛
十界現成眾心色
身語意德佛事業

如實灌頂全眾生
究竟惟一受法眾
三密等持入我入
大日如來大遊戲
現成大遍照金剛
奮迅現身無盡藏
非大日身語意生
大日身語意業現
示圓普賢蓮華手
初心即滿正覺句
菩提心因悲根本
如實現知知自心
虛空菩提無知解

如是法眾如全佛
佛佛相注即入圓
本尊瑜伽本本尊
說法我者聞法眾
毘盧遮那自加持
身語意等盡莊嚴
一切起滅不可得
處時現成說真言
執金剛者遍十方
眾生體空故如實
方便究竟成菩提
少法無得本無相
亦無開曉自無相

自心求心自菩提　一切智智無可得
本性清淨大幻戲　本無可得眾聞法
本然解脫金剛道　如實聞法全佛眾

三、善發無上菩提心

體性菩提心為因　大悲根本顯實相
方便究竟戲圓滿　心非欲界圓同性
非色無色界性同　渠非一切亦無住
性同虛空等同心　性同於心同菩提
心虛空菩提無二　悲為根本滿方便
如來法身遍法界　法界周遍如來身
六大瑜伽本三密　四漫不離自圓輪

能示莊嚴自在王　祕密王戲五智佛
發心修行菩提門　涅槃法界體性中
四身如來等法身　自性、受用、化、等流
五字嚴身大菩提　無生阿輪大瑜伽
悲水妙生智慧火　自在力大風輪禪
大空圓滿三摩地　自身實相圓成佛
法界體性等五輪　法界實相圓全佛
現前五大五智身　能了祕密心作用
如實現前菩提心　如實現行菩提心
如實現證菩提心　如實現入菩提心
如實本然菩提心　法爾現觀菩提心
無有非佛菩提心　善哉佛子佛事佛
無有一念離究竟　究竟密意念無得

四、五輪塔觀的正見

五智現成大受用　大悲胎生漫荼羅
法界本佛現全佛　如水加水無增減
究竟自心發菩提　即心具成眾萬行
見心本然正等覺　證心如入大涅槃
涅槃實相無可得　發心方便大圓滿
法界體性自在力　無依自在全成佛

一切眾生等究竟　如實毘盧遮那佛
吾身自遍法界身　諸佛亦遍法界身
本尊瑜伽本相應　法力所持無異身
六大無礙瑜伽常　四漫不離即現成

三密相應從本如
海印相映五輪重
六塵六根本雙運
十八界佛三密用
極平等密法界生
虛空無垢無自性
方便究竟菩提王
緣起甚深難思議
隨念現施無上果
平等法界自圓頓

重重帝網自即身
內外五輪法界身
無初如來本初身
五智四身具十界
大悲胎藏漫荼王
法界自身現化雲
自性常空自本然
長恆時劫本精進
圓示一切瑜伽行
正見全佛大日身

五、五輪塔觀的方法

(一)淨法界三摩地

因非作者果不生　因因自空何有果
真言密果離因業　無相三昧身證處
悉從心生法界王　自證正覺不思議
本尊瑜伽本法界　大悲胎生全金剛
法身如來大空現　自心圓明如自身
心月輪淨赤嚂𑖨𑖽字　放大淨燄焚心垢
四蘊淨性自法性　頂嚴嚂𑖨𑖽密焰光明
三角智火日初出　空點髻珠悲慧生

如來智火法界火　自頂注身遍至足
十字頂輪光焰滿　極無自性法界智
一切身分焚清淨　毛孔流火色蘊明
三毒深垢一切障　大小便利處淨觀
現觀自身等法界　通照自身內外明
身心垢盡法界生　自座下遍焚赤光
大地衆垢法界垢　淨盡法界自身生

(二)金剛地輪觀

阿 𑖀 字金剛自體性　無上菩提心自心
諸法究竟本不生　自身圓壇置自體
六大體德常自在　瑜伽圓足法界王

一心安住自等引　臍下大金剛地際
大金剛輪菩提座　加持自身成自身
最勝阿字因陀羅　內外金剛等輪圓
菩提自座瑜伽座　引攝阿字第一命
能攝諸果離因業　不動堅固毀無智
善隨自意大成就　圓滿增益佛事業
行者一切常三昧　漫荼羅王大悲生
形方色黃圓地輪　阿字遍金遍照王
阿本不生大地生　能生萬物大堅固
大菩提心法界實　六度萬行萬果德
大日行者全佛行　阿本心地本菩提
菩提心植覺心種　永離眾障證大覺
大覺無生無可得　是本阿字如幻行

自行即示菩提行　金剛菩提大地輪

(三)大悲水輪觀

無礙三昧自解脫　鑁 𑖪𑖽 水能淨煩惱垢

心身精進本無間　菩提萬行無散亂

性德圓海水不散　自性遠離眾言說

自臍圓輪如霧聚　秋夕素月鑁 𑖪𑖽 字光

輪圓純白九重月　一切熱惱自淨銷

鑁 𑖪𑖽 字雪乳商佉色　淨乳猶如珠鬘聚

水精月光遍流注　一切充滿自淨涼

等引成就自圓壇　乳酪生酥水精鬘

無量壽者大持明　除患總持成多聞

善慧普淨成無垢　速證圓滿悉地果
寂災吉祥漫荼羅　本然離言無可得

(四)智火光輪觀

嚂 𑖨𑖽 字究竟勝真實　清淨六根燒業薪
六根淨障證菩提　瑜伽善修等圓證
所住三角持本心　悅意遍形赤色光
嚂 𑖨𑖽 字形赤初日暉　智火光明自法界
寂然周焰鬘明空　智者瑜伽成眾事
攝怨消伏眾雙邊　智火輪王具圓滿

(五)風自在力輪觀

訶 𑖮 字第一真實性　風輪出生掃塵勞
因業果報種子長　摧壞一切證涅槃
智者善觀白毫位　眉間深青半月輪
吹動幢幡自在力　最勝訶字深玄色
廣大威力現暴怒　焰轉大力等自在
安樂吉祥大降伏　住此廣大漫荼羅
成就眾事作義利　應現眾生滿眾願
不捨此身神通境　遊步大空身祕密
六根清淨開深祕　圓滿一切佛事業

(六)大空輪觀

佉𑖏字究竟大空義　周遍法界等無礙
降伏一切魔軍衆　初坐菩提道場中
空大不障萬物長　凡聖依止淨穢同
諸因體性不可得　因因無性無果果
如是衆業實不生　三無自性得空智
相成一切色頂嚴　尊勝虛空空大空
諸法平等悉成就　圓輪自身自圓輪

(七)五輪五字嚴身觀

五輪現觀攝六大
五大自身即圓壇
吾遍法界身自體
諸佛亦遍法界身
吾身遍入諸佛身
諸佛身入吾身中
身界本等法界身
身語業入佛語密
諸佛語密入吾身
十界語言法界語

平等現圓法界身
五字嚴身遍法界
法爾實相不可得
無初無相示本初
歸命諸佛即圓滿
諸佛攝護密入密
現成六大自瑜伽
自以語業讚諸佛
諸佛教授真加持
現成金剛密實相

我自意業實相體　入佛意密體實相
現知佛心吾自心　以佛意密實相體
入吾意業實相體　諸佛觀照開示我
已成如來離因業　正覺圓滿三平等
平等三密遍法界　現成五輪自瑜伽
六大常恆體性圓　五智四身十界具
諸佛平等三密相　眾生本具漫荼羅
實相體中自身本　五字嚴身成法界
阿鑁嚂訶佉體中　方圓角鉢大空形
一念安住本實相　相續無間本圓輪
究竟實相大事業　無盡緣起盡時空

(八)外五輪觀

我為本初自如來　平等現成一切佛
無為金剛淨五蘊　六大瑜伽常圓滿
三密大悲胎生髮　廣大金剛圓五智
現成空界即自體　本初大日普賢尊
清淨法界大空界　下方佉  字遍十方
虛空不可得大空　自在周遍全法界
含容一切法界色　色色無礙自大空
空輪寶形佉字倒　如水月映法界入
相即相圓體中禪　海印三昧自圓生
空上倒缽成風輪　深青黑色聚大風

威怒大力持十方
因業法爾無可得
風輪上倒三角焰
染淨不可得嚂字
廣大火輪體性淨
火上水月輪九重
清涼能降一切水
水精月倒鑁字乳
水月輪上金剛地
性堅難壞本無動
如實相映內外輪
嚴淨佛國事如來
本初佛界本初佛

大風輪中倒訶字
自在廣大力瑜伽
智火圖生猛銳火
赤色光中初日暉
圓滿般若波羅蜜
光輪潔淨霧聚中
圓淨法界遍體柔
自性流注離言說
方黃顯倒金色阿
力持剎塵一切國
如體性中本海印
本來遊戲大日佛
圓顯法界海金剛

(九)迴向

五字嚴身六大觀
光明遍照法界王
迴向毘盧遮那佛
法界有情現全佛
甚深迴向全法界
六大瑜珈本常住
四漫即顯大日尊
迴向諸佛法界眾
法爾眾生皆成佛
佛子勝修五輪圓

本初大日體三昧
甚深迴向大圓滿
佛力廣大自加持
一切毘盧遮那佛
內外自身圓金剛
三密圓滿無錯謬
金剛行滿本初體
平等全佛賜吉祥
法界即成本初界
皆成法界大金剛

以法界力諸佛力　自善根力修迴向
修證功德悉圓滿　國土清淨無災障
人民心安住菩提　六大災障人禍離
世出世財吉祥聚　勝喜空樂自無懼
堅住法界實相力　圓具大慈大悲力
廣大無比智慧力　福智圓滿皆隨喜
願此勝法傳無盡　全佛心明無盡燈
有情眾生咸成佛　圓滿大日如來尊
海印三昧自然顯　一心祈請願無盡

第二章 皈命禮敬三寶

皈命法界生如來　五智法身生海印
法界增身周法界　大悲胎藏生平等
稽首平等法界藏　法界體性三摩地
一切如來一體力　悲生大漫荼羅王
本位加持還自身　相即相入六瑜伽
五字嚴身觀五輪　即身全佛本自身
南無大悲生行者　本位普賢金剛行
色心實相自身佛　輪圓一切五智眾
加持自身持金剛　光明遍照自大日
妙慧悲圓阿闍黎　如本性解演法僧

皈命禮敬大日如來法身

「皈命法界生如來」，我們皈命禮敬法界生如來身，即是皈命於大日如來法身。

在《大日經》〈祕密漫荼羅品〉中云：「**法界生如來身，一切法界自身，表化雲遍滿。**」

大日如來法身是由法界真實出生，所以是法界生，即是由法界體性所出生。大日法身在藏密即是普賢王如來，是法界自身所出生，所以亦是法界自身。

「**五智法身生海印**」，是如來五智（大圓鏡智、平等性智、妙觀察智、成所作智、法界體性智）總體現前，法界一切普遍現成，代表著法界一切現前、眾相的究竟圓滿，因其依法而出生，所以稱為五智法身；而在相上，亦

大日如來法身在藏密即普賢王如來

大日如來

普賢王如來

可稱為報身。

五方佛（毘盧遮那佛、阿閦佛、寶生佛、阿彌陀佛、不空成就佛）代表一切諸佛，代表五大（地、水、火、風、空）。五大加上識大即是六大現前，而六大瑜伽自如來；五方佛分別代表著一切如來的身金剛、語金剛、意金剛、功德金剛、事業金剛。而識大代表著無相法身，由無相中現起圓滿的五大之相，是六大體性常瑜伽，因此出生一切佛、一切法界中的究極妙色。

「法界增身周法界，大悲胎藏生平等」，「法界增身」是出自於《大日經》〈祕密漫荼羅品〉中：「**復於一一毛孔，法界增身出現，出已，等同虛空，於無量世界中，以一音聲法界語表。**」

「法界增身」的三義是：於如來的身、語、意三密平等法界，示現無盡莊嚴藏之大漫荼羅王；又自佛陀的毛孔中，一一出生種種隨類形的幻化身，普周於法界，稱之為法界增身；又為法界字輪所現的形與聲。

同經云：「**爾時，薄伽梵毘盧遮那，以如來眼觀察一切法界，入於法界**

俱舍，以如來奮迅平等莊嚴藏三昧，以現法界無盡嚴故，以是真言行門，度無餘眾生界，滿足本願故。」

「薄伽梵」是指世尊，如來眼是五眼中的佛眼。世尊以佛眼觀察法界，入於法界俱舍。

五眼

五眼是指照了諸法事理的五種眼，即肉眼、天眼、慧眼、法眼、佛眼。

(1)肉眼：指一般人類的眼睛，能分明照見各種外境。
(2)天眼：指天人或由禪定境界所引發的天眼。天眼所能見到的事物，範圍遠超過一般人類眼睛的視力，所見更遠、更廣、更微細清楚。
(3)慧眼：指照見空之實相義理的智慧。
(4)法眼：指能審細了知各種差別諸法、洞觀如幻緣起的慧力。
(5)佛眼：指究竟證知諸法真如的慧力。

俱舍（kosā），是藏之意，指法界藏。即是法界體性之身，為一切如來所依止處，即是常寂光佛土。

常寂光佛土　又稱為寂光淨土、寂光。指毘盧遮那佛所住之淨土，為常、樂、我、淨四波羅蜜攝成安立之所。

所以如來依法界自身而安住，如來如實地安住於自身，於是發起大作用力。因此，各位是否曾經遠離過如來自身呢？

我們從未曾遠離過，我們即安住於如來自身，即是毘盧遮那佛。

對於我們即是毘盧遮那如來的說法，大家是否會生起懷疑之心，而不放棄堅住於自己是眾生的想法中呢？堅住於自身貪、瞋、癡的虛幻無明之中，而不願承擔自身即是如來的實相呢？

筆者一直提出「眾生全佛」（一切眾生皆是佛陀）的觀念，但是在此提出逆向的思維：誰不是佛陀呢？同樣的，所有貪、瞋、癡、慢、疑自身，亦是無可堅住的；而我們卻堅執這些五毒為自身的生命資產，因此，必須破除這些堅執之後，才能成為法界之身。

各位毘盧遮那佛，我們未曾一刻遠離薄伽梵。毘盧遮那如來以如來眼，觀察一切法界，入於法界俱舍。當如來入於法界俱舍時，我們是不是相同地也入於法界俱舍。

「如來奮迅平等莊嚴藏三昧」是以如來的三密平等莊嚴法界體藏三昧，就是大悲生，即大悲胎藏漫荼羅，就是胎藏界的漫荼羅。

入此三昧，十方三世之一切如來身、口、意悉皆平等一相，而佛佛同道。此三昧是表示如來祕密之大事，故名為祕密漫荼羅。

「奮迅」是流出或流溢的意思，在此解釋為：像師子處於深窟當中則安住不動，出窟則自在無畏奮動。如來也由微妙寂絕之三昧而出，示現無盡莊嚴之大漫荼羅王，使普周於法界，此即諸佛如來之奮迅。

以如來觀察一切法界，入於一切法界俱舍，入於法界藏中，即是入於金剛藏三昧，也就是入於金剛喻定中。如來奮迅平等莊嚴藏三昧，以大乘而言即是海印三昧。以現法界無盡莊嚴故，以是真言行門度無餘眾生界，滿足本願故。

在此已顯現出法界無盡藏，所以這是毘盧法界，以毘盧遮那佛之身化現為四如來，再化出四菩薩，再流出了三十七尊為主體，而流出法界一切眾，整個金剛法界宮，從此自性漩流而出，而相互交融相攝。

金剛喻定

梵語 vajropamā-samādhi。指能破除一切煩惱的禪定，如同金剛一般堅利，能摧斷一切的智慧禪定。

海印三昧

梵語 sāgaramudrā-samādhi。又稱為海印定，以大海在無風之時，澄波萬頃，晴空無雲，列宿星月印現；如同頓現一切眾生的心念與三世的一切法門一般，所以稱為海印三昧，是《華嚴經》的根本大定。

以真言行門，度無餘眾生界，為滿足本願故，所以一切佛所行法，依滿足本願故而成就。

同經云：「時，佛在三昧中，於如是無盡眾生界，從眾聲門出隨類音聲，如其本性，業生成熟，受用果報，顯形諸色，種種語言，心所思念而為說法，令一切眾生皆得歡喜。復於一一毛孔，法界增身出現，出已，等同虛空，於無量世界中，以一音聲法界語表，演說如來發生偈：

能生隨類形，諸法之法相，
諸佛與聲聞，救世因緣覺，
勤勇菩薩眾，及仁尊亦然。
眾生器世界，次第而成立，
生住等諸法，常恆如是生。
由具智方便，離於無慧疑，
而觀此道故，諸正遍知說。」

在一一毛孔中出現法界增身，法、報、化三身同時圓具；法界增身出現之後，再等同虛空；於無量世界中，以法界金剛語來表達。

「一音聲」是指阿 𑖀 字，因阿字本不生之義，由此阿字出生一切的字。此阿字輪遍滿於一切真言名字中，故稱遍一切處法門。此即能出生一切百千萬億旋陀羅尼門之母體。

「如來發生偈」是三世諸佛皆由以下所示之妙偈中出生故名。所謂「生」是真實離相之生，而非著相之生。清淨法身離一切諸相，而佛以威神力加持故，自字輪開示如來祕密內證之功德。此因有相方便，而出生無相諸身。

行者未覺之時，此阿字輪並無方便，當行者漸次瞭達阿字之真實義，遂歸入阿字門，乃至體現自在之法身。

以阿字音能演說如來發生偈，能隨順所化眾生的類形，而現所喜見的尊身；諸法的法相，諸佛與聲聞為無相的加持身，此皆由阿字出生。救世的緣覺、勤勇的菩薩眾以及一生補處菩薩，也都由此而出生。再次第游流出眾生器世界。

由於成具智慧與方便，始能顯現如來威神力的妙用，而遠離無明，而觀察此道的原故，諸正遍知說。

同經云：「**爾時，法界生如來身，一切法界，自身表化雲遍滿、毘盧遮那世尊纔生心頃，諸毛孔中出無量佛，展轉加持已，還入法界宮中。**」

爾時，大日尊於一切法界中，以化身示現，其化身眾多如雲，遍滿法界。毘盧遮那佛纔生心頃，為何生心?為滿足本願故，以一切本初而出生，而安住於法界俱舍中。

所以諸毛孔中流出無量諸佛，無量諸佛輾轉加持，加持已，相入相攝、如鏡照鏡、如水入水，所以一化多，無量化無量，無量又合為一；一多相融，幻幻相生，輾轉加持；自自性性相互加持、法法相互加持，還入法界宮中。

在剎那之間顯現加持；剎那之中還入法界宮；遍滿於法界的分身、化身，加持身、種種加持身，一切還入本位，入於無相法身大日如來身中。

同經云：「於是，大日世尊復告持金剛祕密主言：『祕密主！有造漫荼羅聖尊分位、種子幖幟，汝當諦聽，善思念之，吾今演說。』」

「聖尊分位」是佛身上、中、下分之身位。即頭部為中臺八院，心以上是第一院，臍以上第二院，臍以下第三院，這也是支分身之一，所以我們自身亦是支分身漫荼羅，也是五輪漫荼羅；我們自身就是大悲胎藏漫荼羅。

藏密中陰靜忿百尊的修法，是行者在中陰身時、臨終的時候，心輪是寂滅性，是所謂四十八寂靜尊，風輪（頂輪）是強大的忿怒性，為五十二忿怒尊，加起來即是靜忿百尊。所以這樣發展下來，他不僅可以是靜忿百尊，也可以是一切尊，也是法界。

行者自體性的風輪與法爾的風輪並沒有兩樣，所以由我們自體性所出生的靜忿諸尊，和法爾的靜忿尊亦為等同；所以現觀二者平等無二、相攝相入，那麼自體生即是法界生，因而如是成就。

所以「皈命法界生如來，五智法身生海印，法界增身周法界，大悲胎藏

大悲胎藏漫荼羅

生平等」，大家依《大日經》來了解。

皈命大日如來法界身，由大日如來出生四如來，因此現起五智法身；再由此出生一切，而現起海印三昧，法界增身毛孔中流出一切佛，加持普周法界。

以大悲本願故而出生，所以一切胎藏生平等性，身、口、意平等現起，法界增生於如來的三密平等法界，示現無盡莊嚴藏之大漫荼羅王，所以「大漫荼羅王能自持」。

「法界自身表化雲」，是依法界自身示現化身，眾多如雲遍滿法界。

「本地法身大日佛，法界支分如來身」，這本地支分的大日如來佛，法界支分的如來之身。

稽首平等法界胎藏

「稽首平等法界藏，法界體性三摩地，一切如來一體力，悲生大漫荼羅王」，由於五輪塔觀是由法界體性的三摩地所現起，所以我們稽首平等的法界胎藏。一切如來皆是同一體性力，是由大悲胎藏所出生的大漫荼羅王。

「本位加持還自身，相即相入六瑜伽」，依五輪塔觀修持，是依於本位加持而還於自身。這是毘盧遮那佛加持自身，法爾本尊與自生本尊相互攝入，輾轉無礙加持，如水注水，如鏡照鏡的境界。

地、水、火、風、空五大是法界體性的體德，而行者依智慧來總持此體德。智慧是由識轉智所形成，是轉九識而成五智，依此來總持五大。所以識是六大，五輪是五大，這六大本身的性德是相攝無礙，二者相即相入，即是六大常瑜伽。

「五字嚴身觀五輪，即身全佛本自身」，五輪塔觀又稱為五字嚴身觀、五大成身觀、五輪成身觀。

是以五輪來建構自身，然後以自身來與法界相應，而依於法界體性力，現起無量的如來化身來救度教化眾生。

所以能依此法而出生無量諸佛，因此自身即是法界全佛，一切眾生皆是全佛本然的自身。

稽首普賢金剛行者

「南無大悲生行者，本位普賢金剛行」，依此法來修行，所以我們是大悲胎藏所出生的行者；而行者依此法而修行，則是謂普賢金剛行，所以我們是本位普賢行的金剛行者。

「色心實相自身佛」，色是指地、水、火、風、空，五大是色的體性，識大是心的體性，心與色相攝相入的實相，即是自身佛，而自身中圍即具足法、報、化三身。

「輪圓一切五智眾」，輪圓是指漫荼羅，而我們自身就是漫荼羅，是能夠進入一切如來五智（法界體性智、大圓鏡智、妙觀察智、平等性智、成所作智）的大眾。

「加持自身持金剛，光明遍照自大日」，我們加持自身，就是大悲生行者，安住於本初的普賢金剛行，以色心實相自身佛的體悟，來輪圓一切五智大眾，加持自身成為持金剛。

所以毘盧遮那佛加持故，毘盧遮那佛不離我們的自心，是行者的自性故，所以毘盧遮那佛加持自身，即是自身加持自身，而成為持金剛者。

所以自身毘盧遮那佛加持自身成為金剛薩埵，來教化一切眾生，行一切普賢如來事，光明遍照自身成就大日如來，法界之大金剛者。

「妙慧悲圓阿闍黎，如本性解演法僧」，大悲妙慧成就圓滿的阿闍黎者，如本性信解而演說諸法。

《大日經》〈入漫荼羅具緣真言品〉：「爾時，執金剛祕密主白佛言：『希有世尊！說此諸佛自證三菩提，不思議法界、超越心地，以種種方便道，為眾生類如本性信解而演說法。惟願世尊次說修真言行。大悲胎藏生大

漫荼羅王，為滿足彼諸未來世無量眾生，為救護安樂故。』」

此時，執金剛祕密主稱讚諸佛自證的三菩提。「自證三菩提」即自證阿耨多羅三藐三菩提，不思議法界、超越心地，由種種方便道，為眾生類以本性信解而演說諸法。惟願世尊次第說明修真言行。大悲胎藏出生大漫荼羅王，為滿足彼諸未來世無量眾生，為救護安樂的緣故。

又同經云：「**爾時，毘盧遮那世尊，本昔誓願成就無盡法界，度脫無餘眾生界故。一切如來同共集會，漸次證入大悲藏發生三摩地。世尊！一切支分悉皆出現如來之身，為彼從初發心乃至十地諸眾生故，遍至十方還來佛身本位，本位中住而復還入。**」

毘盧遮那佛世尊，依本昔誓願成就無盡法界，度脫無餘眾生界的緣故；於是攝一切如來共同集會，而漸次證入大悲藏發生三摩地。

世尊！一切的支分悉皆示現如來之身，因為彼從初發心乃至十地的一切眾生，遍及至十方，還來攝入佛身的本位，在本位中安住，又復還入。這是如來依體性妙行所圓滿的。

以上是皈命的三寶，依此皈命的三寶，而出生演說五輪塔觀的修證。

第三章 五輪塔觀的對法眾

「對法眾」指的是發心要修學五輪塔觀，所相應的大眾而言。

每一種修法的產生，都有其契合眾生的根器、發心與因緣。「對法眾」主要是要依此來建立此法的修行因緣，使它在緣起上有一個契機。經由提出眾生適合修學此法的緣起與殊勝意涵，最終了知所有的人都適合修學此法。

本因胎藏普賢界　一切如佛全眾生
無始無明覺本初　法爾本心自無初
四大互造遍一身　如來法身遍法界
大悲胎生五輪藏　如法本因恆不離
不可得住本普賢　一切眾生即普賢

如是法界當圓聞　覺本不生出言道
諸過得解離因緣　知空等空示大空
金剛遊戲本三昧　降伏四魔滿智句
無可得中自成佛　自身成佛自實相
自大輪圓漫荼王　自悲自智自本尊
六度四攝幻萬行　自金剛王持金剛
息增懷誅敬愛業　六大瑜伽自圓佛
五大五輪五智滿　十界現成衆心色
四漫現成圓九重　身語意德佛事業
如實灌頂全衆生　如是法衆如全佛
究竟惟一受法衆　佛佛相注即入圓
三密等持入我入　本尊瑜伽本本尊
大日如來大遊戲　說法我者聞法衆

現成大遍照金剛　毘盧遮那自加持
奮迅現身無盡藏　身語意等盡莊嚴
非大日身語意生　一切起滅不可得
大日身語意業現　處時現成說真言
示圓普賢蓮華手　執金剛者遍十方
初心即滿正覺句　眾生體空故如實
菩提心因悲根本　方便究竟成菩提
如實現知知自心　少法無得本無相
虛空菩提無知解　亦無開曉自無相
自心求心自菩提　一切智智無可得
本性清淨大幻戲　本無可得眾聞法
本然解脫金剛道　如實聞法全佛眾

一切本來如佛的眾生

胎藏界大日如來，從自性的內義而言，即是我們眾生本具的佛性、本然的佛陀。當然，就胎藏界大日如來的顯現而言，他所代表的是修證上客觀存在的如來；但就法界體性而言，大日如來與我們的體性是完全一如的，因此，這也是眾生成佛的本因。

雖然，就一般的眾生而言，他會感覺自身與成就的大日如來是相異的，但是，就佛陀的立場的而言，並沒有這樣的分別。直到我們證得佛果，也成為大日如來時，我們會發覺，從自心本具的如來，到修行道位中，所有如幻的修證直至圓滿的佛果，從根、道、果上來看，我們都是與大日如來一如不異的，這才是胎藏界大日如來的真正實相內義，也就是大日如來的真實身相。

而胎藏是大悲義，是一切眾生的理體，能生起清淨菩提心，自利利他，究竟圓滿，所以也稱為大悲胎藏生。

「本因胎藏普賢界，一切如佛全眾生」，所以，在一切本因胎藏的普賢法界中，一切本來如佛的眾生，本然安住於大悲出生的大漫荼羅王中，發起清淨菩提心，由大悲出生一切勝行，滿足法爾的本願，以無窮劫在無盡法界中行一切如來事。

安住於這樣的體性當中，如其體性而能夠如實演說這勝法者，是依如來位來酬對一切受法大眾。但受法大眾是具足本因胎藏普賢界者，而一切眾生根本是本來佛陀，所以這一切只是行如來廣大幻化遊戲的三昧勝行而已。

「無始無明覺本初，法爾本心自無初」，當我們破除無始無明時，無始無明即不可得；所以破無始無明者，根本就沒有無始無明可破。

如同《般若心經》云：「**無老死亦無老盡，無無明亦無無明盡。**」所以當我們超越了無明，便證悟果德。

當我們破除無始無明覺悟之時，就能體悟一切本初本然明覺的境界；所以無始無明一旦破除，即沒有無始無明之事，所以一切眾生畢竟是佛陀。

當破除了無始無明而覺悟之時，我們體悟法爾本心自無初，在此境界我們所體悟的本初，是流出了大悲胎藏生的漫荼羅之用，所以法爾本初是法界藏的根本，即是本自無初。

「四大互造遍一身，如來法身遍法界」，我們的身體是四大互造，四大互造或是五大、六大互造，這只是說法的不同。

四大是地、水、火、風，而如來本自無相，因何以能四大互造呢？如果是不能四大互造，那麼一定是為四大所障礙，因為既然是無相，那麼生起相或不生起相就無有任何差別了。

而四大是如何現起呢？四大是如緣現起的，所以我們安住於大悲胎藏的體性本位，安住無初本位，即是入於寂滅無動。

從大悲胎藏生起漫荼羅，生起無盡藏，示現法界無盡莊嚴；以本初現起法界，所以四大互造遍一身，此身即是大日如來等流所現，所以如來法身遍於法界。

「大悲胎生五輪藏，如法本因恆不離」，如來法身遍法界一切處，法界現起是地、水、火、風、空，而由大悲胎藏出生了地、水、火、風、空五輪，這是如理隨緣而出生，如法的本因恆不遠離我等。

應當聽聞圓頓教法的眾生

「不可得住本普賢，一切眾生即普賢，如是法眾當圓聞」，一切不可得住就是本然普賢，一切眾生即是普賢，如此的法眾應當圓頓聽聞五輪塔觀的教法。

「覺本不生出言道」，我們體覺一切本不生，而能出生一切真言密道。一切言語之道、一切說法、聞法，而一切的聽聞法眾、受法者，這一切法緣都是實相義，這在空海大師的《聲字實相義》中有詳細的記載。

「諸過得解離因緣，知空等空示大空，金剛遊戲本三昧，降伏四魔滿智句」，一切過錯能夠得解，即遠離一切因緣；知解了悟現空，即一切平等現空，而能顯示大空的體性；金剛遊戲的本然三昧，能夠降伏四魔，滿足一切智慧的語句、智慧陀羅尼、智慧的誓句，智慧三昧耶。

「無可得中且成佛，自身成佛自實相」，在一切無可得中，行者法爾自成佛，因為離於過錯得解而遠離因緣。

了悟現空，一切平等現空而顯示空的體性，所以能夠了悟自身法爾成佛；而了知自身成佛是法界生佛，所以自身即是實相。

「自大輪圓漫荼王，自悲自智自本尊」，因為實相不可得，所以自身就是大輪圓、大漫荼羅王，自身具足大悲與大智，自然成就本尊即是本尊瑜伽。

「六度四攝幻萬行，自金剛王持金剛，息增懷誅敬愛業，六大瑜伽自圓佛」，現起六度、四攝、幻化的一切萬行，成就自金剛王、持金剛者，以息、增、懷、誅、敬愛等各種事業，六大本身的性德是相互無礙、相攝相入，法爾的六大與緣起的六大，在體性上並沒有分離與差別，所以六大瑜伽自在圓滿成佛。

> **六度**
>
> 六度又作六波羅蜜，是指布施、持戒、忍辱、精進、禪定、智慧，修持六種法門，可以度脫生死海，到達涅槃常樂的彼岸。
>
> **四攝**
>
> 四攝為布施、愛語、利行、同事，是指菩薩攝受眾生，使其生起親愛心而導引入於佛道，以至開悟解脫的四種方法。

「五大五輪五智滿，十界現成眾心色，四漫現成圓九重，身語意德佛事業」，我們依地、水、火、風、空五大五輪，而以五大圓滿五輪來成就五智圓滿。十法界（佛界、菩薩界、緣覺界、聲聞界、天界、人界、修羅界、畜牲界、地獄界、餓鬼界）一切現成，眾心色所成的法界，這一切其實都是四漫現成，因為四種漫荼羅總攝瑜伽。四漫是指法漫荼羅、三昧耶漫荼羅、大漫荼羅、羯摩漫荼羅等四種漫荼羅。

法漫荼羅是指諸尊的種子或真言，一切諸佛種子字就是法漫荼羅，每一個字都有其代表的意義。例如阿字本不生。每一尊佛依據一法而成就，也就是法漫荼羅的成就，這是一切法的意旨。相應於現代社會，是以文字所表達的企業精神，則是法漫荼羅。

三昧耶漫荼羅是一切佛在因位修習時所發起的本願。如阿彌陀佛的四十八願，這四十八願是他的本願誓句；而外顯則成為標幟，他的三昧耶形標幟；以現代社會而言，則是所謂ＣＩ：企業形象的標幟。

大漫荼羅是指諸尊的形象。就好比一個企業的廠房，他所佔領的空間形色與時間。

羯摩漫荼羅是指諸尊所行的威儀事業。就好比企業的生產和行銷的過程。

如果以大日如來的例子來對應這四種漫荼羅，則法漫荼羅是金剛界大日如來的種子字鑁字，而胎藏界有時是以阿字為其種子字。三昧耶漫荼羅是五輪塔。大漫荼羅是大日如來的尊像。羯摩漫荼羅是大日如來所行的威儀事業活動。

羯摩漫荼羅比較常見的是佛陀的八相成道圖，這是古代的羯摩漫荼羅；如果在現代，則可以影片做為行動的記錄，這也是羯摩漫荼羅。

「四漫現成圓九重，身語意德佛事業」，一切生命本然具足六大（體大）、四漫（相大）、身、語、意三密（用大）之德，這是諸佛菩薩的妙行事業與德相。

說法者、聞法眾、法三輪體空

「如實灌頂全眾生，如是法眾如全佛」，一切眾生的六大、四漫、三密如實地受灌頂加持，如是法眾就如同是全佛，由是這樣的體悟，整個法界即是大日如來一身，所以如實自授灌頂力，如是受法大眾如同全佛。

所以「究竟惟一受法眾，佛佛相注即入圓」，一切佛即是大日如來，每一尊佛即是惟一佛，而我們每一個人也都是惟一佛。

「三密等持入我入」，我們安住於如來身、語、意三密等持，三密等持即是入我我入，佛以平等三密入我身，我以三業入佛身，所以三業三密相應，而完全成就如來。

「本尊瑜伽本本尊」，瑜伽是相應相攝之義，修持本尊瑜伽是行者與本尊三密相應，而本尊三密加持行者，入我我入而使行者迅速成就。

以三密與本尊相應，本尊加持行者成就，如水注水，最後圓滿統一，而後體悟我們自身本然就是本尊。

「大日如來大遊戲，說法我者聞法眾」，這是大日如來的大遊戲，所謂說法者、聞法眾與一切法三輪體空，這一切不過是大日如來的大遊戲，一切都是大日如來。

「現成大遍照金剛，毘盧遮那自加持，奮迅現身無盡藏，身語意等盡莊嚴」，所以現成即是大遍照金剛，都是摩訶毘盧遮那佛。

這是毘盧遮那佛的自加持，而現起如來奮迅三昧，示現身於法界無盡藏中，如是奮迅示現身、語、意平等無盡莊嚴藏。

「非大日身語意生，一切起滅不可得」，並非毘盧遮那佛的身、語、意出生，其實就究竟而言，並無有大日如來或非大日如來的分別；而非大日如來的身、語、意出生，是要破除我們對於大日如來的執著，因為一切的生起與入滅皆是不可得的。

「大日身語意業現，處時現成說真言」，而大日如來一切身、語、意所現，在一切處、一切時，現成宣說真言道句法。

「示圓普賢蓮華手，執金剛者遍十方」，又示現圓滿的普賢、持蓮華手、執金剛菩薩等相貌，普遍於十方法界，宣說真言道清淨句法。

「初心即滿正覺句，眾生體空故如實」，從初發心的一念，即得圓滿究竟正覺，為何能如此呢？因為眾生體性皆空故，所以一切即能如實現起。

如實聽聞教法現前解脫的聞法眾

《大日經》云：「佛言：『菩提心為因，悲為根本，方便為究竟。祕密主！云何菩提？謂如實知自心。祕密主！是阿耨多羅三藐三菩提，乃至彼法少分無有可得。何以故？虛空相是菩提，無知解者，亦無開曉。何以故？菩提無相故。祕密主！諸法無相，謂虛空相。』」

以菩提心為因，大悲為根本，方便為究竟，這是《大日經》中最重要的三句，以此而來成就圓滿菩提，所以「菩提心因悲根本，方便究竟成菩提」。

「如實現知知自心」，何謂菩提？即如實了知自心。當我們如實了知自心時，這是聚集了多少的因緣而成；而如實了知自心之時，亦是得致果德之時；這即是因果不二，即因、即果、即菩提的如實成就之道，也是菩提如實成就之相。

「少法無得本無相」，如實知自心故，無有少法可得，得阿耨多羅三藐三菩提；更進一步了悟無有少法可得，現前菩提本無相故。

「虛空菩提無知解，亦無開曉自無相」，這虛空相即是菩提，諸法無相為虛空相，其中無有知解亦無開曉，是故菩提自無相。

又經云：「**爾時，金剛手復白佛言：『世尊！誰尋求一切智？誰為菩提成正覺者？誰發起彼一切智智？』**

佛言：『祕密主！自心尋求菩提及一切智。何以故？本性清淨故。心不在內，不在外及兩中間，心不可得。祕密主！如來應正等覺。非青、非黃、非赤、非白、非紅、紫、非水精色，非長、非短，非圓、非方，非明、非暗、非男、非女、非不男女。

『祕密主！心非欲界同性、非色界同性、非無色界同性，非天、龍、夜叉、乾闥婆、阿脩羅、迦樓羅、緊那羅、摩睺羅伽、人非人趣同性。

『祕密主！心不住眼界、不住耳、鼻、舌、身、意界，非見非顯現。何以故？虛空相心。離諸分別無分別。所以者何？性同虛空即同於心，性同於心即同菩提。

『如是，祕密主！心虛空界、菩提三種無二。此等，悲為根本，方便波羅蜜滿足。是故，祕密主！我說諸法如是，令彼諸菩薩眾，菩提心清淨，知識其心。

『祕密主！若族性男、族性女。欲識知菩提，當如是識知自心。祕密主！云何自知心？謂若分段，或顯色或形色，或境界，若色、若受、想、行、識，若我、若我所、若能執、若所執，若清淨、若界、若處乃至一切分段中，求不可得。

『祕密主！此菩薩淨菩提心門，名初法明道。……』」

「自心求心自菩提，一切智智無可得」，自心尋求菩提及一切智智（佛智），如自心求而一切無可得。

而如何了知自心呢？在一切念、一切境、一切相、一切處等皆能體悟現求不可得，如此則可稱為菩薩淨菩提心門成就，是心月輪能自在出現的境界，亦名初法明道。

「本性清淨大幻戲，本無可得眾聞法，本然解脫金剛道，如實聞法全佛眾」這一切都是本性清淨的大幻化遊戲，本無可得的受法大眾，共同聽聞本然解脫的金剛道；一切眾生如實聽聞教法，而現前解脫全佛眾。

此教法是由毘盧遮那佛心中自然流出，而此法非離我離我所，在如幻的大遊戲中，必然使一切眾生圓滿成佛，這也是行者對於聞法眾所發起的正心、正見。

第四章 善發無上菩提心

體性菩提心為因　大悲根本顯實相
方便究竟戲圓滿　心非欲界圓同性
非色無色界性同　渠非一切亦無住
性同虛空等同心　性同於心同菩提
心虛空菩提無二　悲為根本滿方便
如來法身遍法界　法界周遍如來身
六大瑜伽本三密　四漫不離自圓輪
能示莊嚴自在王　祕密王戲五智佛
發心修行菩提門　涅槃法界體性中
四身如來等法身　自性、受用、化、等流

五字嚴身大菩提
悲水妙生智慧火
大空圓滿三摩地
法界體性等五輪
現前五大五智身
如實現前菩提心
如實現證菩提心
如實本然菩提心
無有非佛菩提心
無有一念離究竟
五智現成大受用
法界本佛現全佛
究竟自心發菩提

無生阿輪大瑜伽
自在力大風輪禪
自身實相圓成佛
法界實相圓全佛
能了祕密心作用
如實現行菩提心
如實現入菩提心
法爾現觀菩提心
善哉佛子佛事佛
究竟密意念無得
大悲胎生漫荼羅
如水加水無增減
即心具成眾萬行

見心本然正等覺　證心如入大涅槃
涅槃實相無可得　發心方便大圓滿
法界體性自在力　無依自在全成佛

從體性中發起菩提心

「體性菩提心為因，大悲根本顯實相，方便究竟戲圓滿」，由我們的體性之中發起菩提心，這是因；以大悲為根本而顯示出實相，以方便為究竟，這一切都是幻化的大遊戲，而一切現前圓滿。

「心非欲界圓同性，非色無色界同性，渠非一切亦無住」，心非欲界但是圓同體性，非色界、無色界而能同性現起，亦非一切也無可住。

「性同虛空等同心，性同於心同菩提，心虛空菩提無二，非為根本滿方便」，體性等同於虛空，亦等同於心；而體性同於心，亦同於究竟菩提。因此心、虛空、菩提三者無二無別，由此體悟而以悲為根本，來圓滿一切究竟方便。

「如來法身遍法界，法界周遍如來身」，所以如來的法身遍及法界，而一切法界周遍亦是如來身。

六大（地、水、火、風、空、識）常瑜伽，一切法界本三密：是體悟一切法界即是如來身，一切法界音聲是如來語；一切法界的意念即是如來意，所以「六大瑜伽本三密」。

「六大瑜伽本三密」是平常之事，我們可視之為平常是佛，而無須特意強調：「平常心」是佛。當我們體悟此點，自然安住於平常是佛之中。

「四漫不離自圓輪」，四漫是大漫荼羅、法漫荼羅、三昧耶漫荼羅、羯摩漫荼羅。四漫相應於我們自身是：我們的色身是大漫荼羅，意念是法漫荼羅，身體的形相是三昧耶漫荼羅，我們的一切行動是羯摩漫荼羅，所以四漫恆不離。

三界

- 三界
  - 欲界
    - 天道 —— 六欲天
      - 四王天
      - 忉利天
      - 夜摩天
      - 兜率天
      - 化樂天
      - 他化天
    - 人道
    - 修羅道
    - 畜生道
    - 餓鬼道
    - 地獄道
  - 色界十八天
    - 初禪三天
      - 梵眾天
      - 梵輔天
      - 大梵天
    - 二禪三天
      - 少光天
      - 無量光天
      - 極光天
    - 三禪三天
      - 少淨天
      - 無量淨天
      - 遍淨天
    - 四禪九天
      - 無雲天
      - 福生天
      - 廣果天
      - 無想天
      - 無煩天
      - 無熱天
      - 善見天
      - 善現天
      - 色究竟天
  - 無色界四空天
    - 空無邊處天
    - 識無邊處天
    - 無所有處天
    - 非想非非想處天

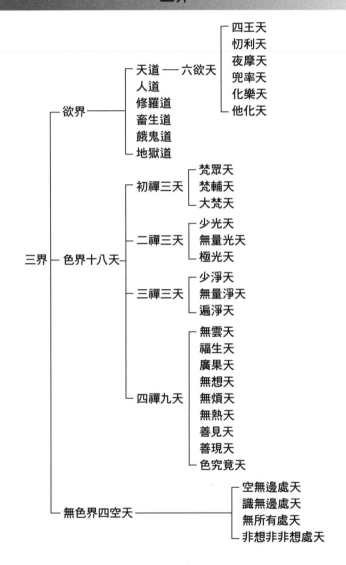

我們自身即是輪圓漫荼羅，所以我們對自己不能有下劣想，但也不能高傲想，當知一切眾生普皆為如來。

認為自己是凡夫、下劣者，這是污蔑自己的佛性；但是自高者、自以為是如來，而視一切眾生為眾生，則是我慢、我執；因為如此則不能了悟一切法平等義。

所以我們現觀自身為如來，同時也現觀法界一切眾生皆為如來；現觀自、他一切如來平等而無可得、無可住，如此才能見到實相。安住在法界的實相中，而無可壞處，這是體性常寂之處。

依此由大悲發心而出生大悲胎藏、出生漫荼羅，而成為大漫荼羅王。

這是由自性所流出的法界，而無可得、無可住，然後才能隨緣轉動法界力、法性力，顯現報身常住；而從在一一支分中，一一毛孔中漩出如來，成就加持身。輾轉自加持，自性自成就，自圓自菩提，廣大自圓滿。

所以一切本初，本初即無初，無初證本然，能顯極究竟，廣大而圓滿，此為善哉之殊勝瑜伽。

我為本初王，我即不可得，我即不可住，我為大空句，大空故無我，離我我所相，是名大如來，而為毘盧遮那，是遍照金剛，自成就圓滿。

依此即能了知：「自圍五大圓，六大常瑜伽，自三密平等，四漫自體現，一切體中圓。」自身的中圍即是五大圓具，六大相應常瑜伽，自身的身、語、意三密本然平等，四種漫荼羅自然體現，一切於體性中如實圓具。

以上的偈子，如同於虛空中，輾轉在一切的時空裡，若我們的心念都能依著語句，而隨緣如實轉動，則一切音聲皆是如來語。我們依此來體會而善發無上菩提心。

「能示莊嚴自在主，祕密王戲五智佛」，四漫不離自圓輪，所以自為漫荼羅王，是能顯示無量莊嚴的自在主，能現前證得大悲藏化身三昧，能顯示無邊大漫荼羅王。

這一切所顯示的，不過是莊嚴的五智五佛的祕密王遊戲，是入於法界俱舍中，如來的奮迅平等莊嚴藏三昧，現起法界無盡莊嚴藏，滿足我們自遊戲的本願。

「發心修行菩提門，涅槃法界體性中」，當我們發心修行入於菩提門，即墮入於大涅槃體，毘盧遮那佛的法界體性之中。

但是如果我們未發心是否也在其中呢？

提出這樣的疑問，是要大家清楚了知：能覺自身在毘盧遮那佛的體性中，但最終無可覺之處。

「四身如來等法身，自性、受用、化、等流」，四身如來平等法身，四身是自性身、受用身、化身、等流身。「自性」是法界體自性；「受用」是自受用、他受用；「化」是能變化加持成一切；「等流」是能夠示現六道、世間、一切法界等流因緣成就。

我們要如此體會發心，而發心亦不可得；不可得故能大發心，而發心即成大圓滿。

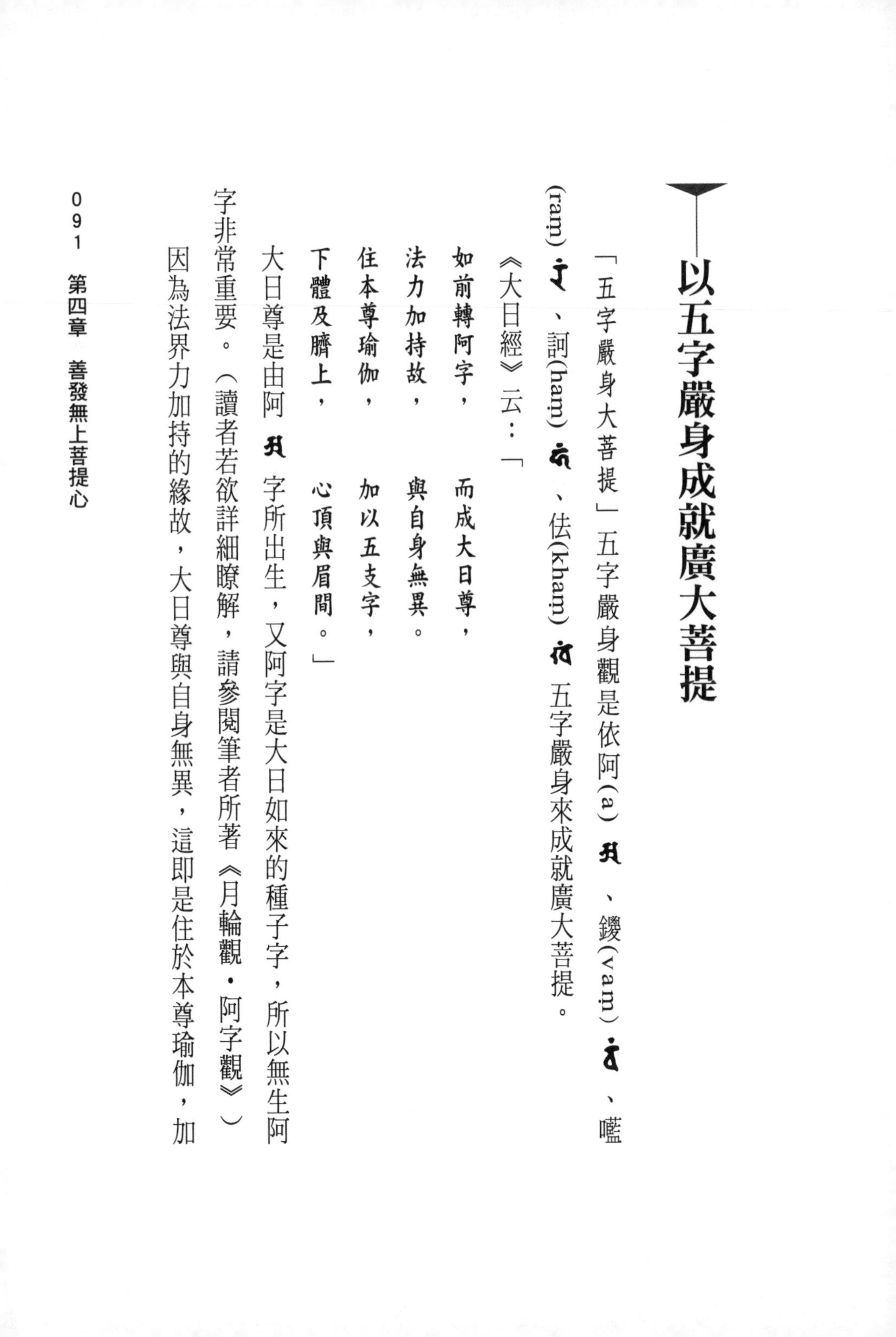

以五字嚴身成就廣大菩提

「五字嚴身大菩提」五字嚴身觀是依阿(a)、鑁(vaṃ)、嚂(raṃ)、訶(haṃ)、佉(khaṃ)五字嚴身來成就廣大菩提。

《大日經》云：「

如前轉阿字，而成大日尊，
法力加持故，與自身無異。
住本尊瑜伽，加以五支字，
下體及臍上，心頂與眉間。」

大日尊是由阿字所出生，又阿字是大日如來的種子字，所以無生阿字非常重要。（讀者若欲詳細瞭解，請參閱筆者所著《月輪觀・阿字觀》）

因為法界力加持的緣故，大日尊與自身無異，這即是住於本尊瑜伽，加以五支字即是支分漫荼羅。其位置形狀是以五處來區分：雙足至膝、臍上至心、心至喉、喉至眉間、眉間至頂。

此圖是出自於《五輪九字明祕密釋》，這是覺鑁上人所寫，這法門將胎藏界的六大瑜伽的修法，整合而成金、胎兩部的修法。依圖所示，在臍至心的部分，分為二者：一是金剛界，手結智拳印；二是胎藏界，手結法界智印。

同經云：「

於三摩呬多，　運相而安立，
以依是法住，　即同牟尼尊。
阿字遍金色，　用作金剛輪，
加持於下體，　說名瑜伽座。
鑁字素月光，　在於霧聚中，
加持自臍上，　是名大悲水。

支分漫荼羅

嚂字初日暉，形赤在三角，
加持本心位，是名智火光。
訶字劫災焰，黑色在風輪，
加持自毫際，說名自在力。
佉字及空點，相成一切色，
加持在頂上，故名為大空。」

於「三摩呬多」（梵Samâhita）是心、境等持而住，以運相而安立，依此法安住修行，即等同釋迦牟尼佛。接著是說明阿字的顏色、形狀、位置及作用。

「無生阿輪大瑜伽」，我們的臍下是金色阿字方形的瑜伽座，這是金剛輪的地基，也是大瑜伽座，亦是瑜伽三摩地。

「悲水妙生智慧火」，地輪接著是臍上水輪，水輪為大悲水，如素月光色的鑁字，又稱為悲水瑜伽。

大悲水深妙地出生智慧之火，接著是火輪，紅色的嚂  字為三角形，位於本心，是名智火瑜伽。

「自在力大風輪禪」，黑色的訶（哈） 字是風輪，位於眉間白毫際，是名為自在力，是風大自在瑜伽。

「大空圓滿三摩地」，佉  字及大空點，位於頂上，為大空瑜伽，是大空圓滿的三摩地。

「自身實相圓成佛」，我們安住於三摩地中，體悟阿字的無生義，倘若沒有體悟阿字，只是觀相，只可稱為普通瑜伽，這是無法成就果地的。

所以我們如實體悟阿字，自身於實相之中圓滿成佛。

「法界體性等五輪，法界實相圓全佛」，整個法界是地、水、火、風、空所組成，而我們自身的五輪亦是法界體性，整個法界實相圓滿全佛，我們依此來圓滿發心。

無有非佛的菩提心

「現前五大五智身，能了祕密心作用」，我們現前五大、五智之身，是能了悟祕密心的作用。這最究竟的祕密即是阿字本不生的祕密；而此祕密能夠成就大莊嚴王。

「如實現前菩提心，如實現行菩提心，如實現證菩提心，如實現入菩提心，如實本然菩提，法爾現觀菩提心」，能了悟祕密心的作用，是如實現前的菩提心，我們要如實現行菩提心，如實現證菩提心，如實現入於菩提心之中，如實最究竟的證得，還是本然的菩提心；從法爾中現觀，還是這最究竟的無上菩提心。

如同龍樹菩薩所建立的五種菩提是：一、發心菩提。二、伏心菩提。三、明心菩提。四、出到菩提。五、究竟菩提。

從初發心到究竟果位都在菩提之中，發心菩提可以攝持願菩提心；伏心菩提可以攝持行菩提心；明心菩提是勝義菩提心；出到菩提到究竟菩提，可以攝持三摩地菩提心。當然還有其它不同的說法，我們可以依此來攝持。

無論如何，因、道、果皆安住於菩提心之中，亦即墮入佛海之中，所以我們應當自在圓滿成就於佛海之中。

「無有非佛菩提心」，於法爾中現觀究竟的菩提心，當體悟無有非佛的菩提心：一切都是佛，現前有哪一個不是佛呢？

「善哉佛子佛事佛，無有一念離究竟，究竟密意念無得」，無有非佛的菩提！實是令人讚嘆。善哉佛子！一切諸佛事諸佛。

所以在此了悟：無有一念離於究竟，而究竟的密意是一切意念不可得。這才是真實究竟的菩提心。

「五智現成大受用，大悲胎生漫荼羅，法界本佛現全佛，如水加水無增減」、五智（法界體性智、大圓鏡智、妙觀察智、平等性智、成所作智）現成廣大受用，大悲胎藏所出生的漫荼羅，法界本然的如來現起全體如來，就如同水加注於水中無所增減。

「究竟自心發菩提，即心具成眾萬行，見心本然正等覺，證心如入大涅槃」，從自心善發起究竟的無上菩提，這無上菩提心能夠成具一切眾德萬行，見心本然安住於正等明覺中，成證之心如同入於大涅槃。

「涅槃實相無可得，發心方便大圓滿，法界體性自在力，無依自在全成佛」，涅槃實相一切無有可得，發心方便即具廣大圓滿，法界體性的自在之力，無有一切依止之處，而自在圓滿成就全佛。

第五章

五輪塔觀的正見

一切眾生等究竟　如實毘盧遮那佛
吾身自遍法界身　諸佛亦遍法界身
本尊瑜伽本相應　法力所持無異身
六大無礙瑜伽常　四漫不離即現成
三密相應從本如　重重帝網即自身
海印相映五輪重　內外五輪法界身
六塵六根本雙運　無初如來本初身
十八界佛三密用　五智四身具十界
極平等密法界生　大悲胎藏漫荼王
虛空無垢無自性　法界自身現化雲

方便究竟菩提王　自性常空自本然
緣起甚深難思議　長恆時劫本精進
隨念現施無上果　圓示一切瑜伽行
平等法界自圓頓　正見全佛大日身

眾生全佛大圓滿

「一切眾生等究竟，如實毘盧遮那佛」，一切眾生本來平等究竟，就是如實的毘盧遮那佛。

「眾生全佛大圓滿」是筆者一直強調的，這不是一種觀念或是想法，全佛不僅是一個心願，而且是一種實踐；不是一個看法，而是一個事實。

對於全佛的了悟，是來自對於佛陀教法的體解。當佛陀發現這個真實的時候，其實一切都已圓滿成就。

「吾身自遍法界身，諸佛亦遍法界身」，我們自身遍滿法界一切處，而諸佛亦是周遍的法界身。

有些人在此會產生疑慮：明明自己的身體就是如此模樣的位於此處，如何能周遍法界呢？

我們要了解：這樣的想法是由於自身無明的思惟習慣所產生，我們自身之所以不能遍滿法界的最大障礙，則是堅固的我執；我執的堅固性將自我限制了，將自我束縛，這也是成佛的最大障礙。

但這一切無非是自身的顛倒夢想所造成，一切都是虛幻的，放掉堅執的我執習慣，才能有所改變與超越。

「本尊瑜伽本相應，法力所持無異身」，自身遍滿法界一切處，而諸佛亦是遍滿的法界身，這即是本然相應的本尊瑜伽，法力所加持與自身無有差異。

「六大無礙瑜伽常」，地、水、火、風、空、識六大的性德相互無礙，相應相攝。而我們自身的六大與法爾的六大亦是等一無有差別，所以六大無礙常瑜伽。

「四漫不離即現成」，四漫是四種漫荼羅（大漫荼羅、法漫荼羅、三昧耶漫荼羅、羯摩漫荼羅）。這四種漫荼羅與法身諸佛的漫荼羅是一樣不相離的，而我們自身亦是漫荼羅：有顯現的形像（大漫荼羅）、肉身（法漫荼羅）、誓句（三昧耶漫荼羅）、行動（羯摩漫荼羅），整個世界就是一個大漫荼羅，所以四種漫荼羅不相遠離即現成。

「三密相應從本如，重重帝網即自身」，三密相應即是入我我入。佛的身、語、意入於我們的身、語、意；我們的身、語、意入於佛之身、語、意三密；如此即成就圓滿如來，而我們自身從本即是如來。這入我我入就像重重的帝珠一般，相映相攝、相入相印。

「海印相映五輪重，內外五輪法界身」，內五輪（阿、鑁、嚂、訶、佉）與外五輪，海印相映五輪重，而內外五輪形成整個法界身。

法界中圍即自身

「六塵六根本雙運，無初如來本初身」，六根（眼、耳、鼻、舌、身、意）與六塵（色、聲、香、味、觸、法）本然雙運，顯示出無初如來的本初之身，這是普賢王如來或大日如來的自體雙運，是本初的自在作用而現起普賢王佛父母。

「十八界佛三密用」，這十八界一一是佛，一一是如來，皆是身、語、意三密大用。

「五智四身具十界」，五智（法界體性智、妙觀察智、大圓鏡智、平等性智、成所作智），四身是四法身（自性身、受用身、等流身、變化身）乃至成具十法界（諸佛界、菩薩界、緣覺界、聲聞界、天界、人界、修羅界、餓鬼界、畜牲界、地獄界）。

在《佛說觀無量壽經》中記載阿彌陀佛的身相：**無量壽佛身如百千萬億夜摩天閻浮檀金色，佛身高六十萬億那由他恒河沙由旬，眉間白毫右旋宛轉，如五須彌山，佛眼清淨，如四大海水清白分明，身諸毛孔演出光明，如須彌山。彼佛圓光，如百億三千大千世界，於圓光中，有百萬億那由他恒河沙化佛，一一化佛，亦有眾多無數化菩薩以為侍者。**又觀世音菩薩的天冠：**頂上毘楞伽摩尼妙寶以為天冠，其天冠中有一立化佛，高二十五由旬。**

這些描述都在顯示其身相圓具整個宇宙。所以宇宙萬象皆在自性中得，整個法界中圍即是自身。

「極平等密法界生，大悲胎藏漫荼王」，廣大極為平等究竟祕密的法界生如來，演出大悲胎藏出生大漫荼羅王。

「虛空無垢無自性，法界自身現化雲」，顯現如同虛空般無垢無有自性，法界自身顯示出廣大無比、如雲一般的幻化如來。

平等法界法爾現成

「方便究竟菩提王」，在《大日經》中記載：「**以菩提心為因，大悲為根本，方便為究竟。**」這顯示出最後的方便究竟，是相應於菩提之王者，是究竟菩提，所以「方便究竟菩提王」。

「自性常空自本然」，自性無有不空處，所以自性常空、體性常空，法爾自本然。

「緣起甚深難思議」，顯示於緣起上的是：緣起甚深難思議，我們不思於心而現觀緣起，現起緣起。

那麼，何時現起緣起呢？即是在當下現起緣起。所以從此處當我們發心即成就菩提，菩提心即是菩提，發心即為究竟。

「長恆時劫本精進」，在長恆時劫中，我們要學習如同佛陀一般地精進。

何謂真精進者？心無念則為精進者，得致無念三昧才是真正精進者，隨時安住於無生無滅之中。

所以常般若者是精進者，常一行三昧者是精進者，所以真正的精進者是在一行三昧當中。

「隨念現施無上果，圓示一切瑜伽行」，在長時劫中恆常精進，則能隨著心念的現前，而能施予無上的果報、果德，圓滿示現一切瑜伽行。

「平等法界自圓頓，正見全佛大日身」，平等法界法爾圓頓現成，依此正見全佛大日如來身。

第六章　修持五輪塔觀的方法

一、淨法界三摩地

我們開始進入修學五輪塔觀的方法，首先是：淨法界三摩地。

認識淨法界三昧

清淨法界是佛陀證悟的真正體性。

所謂清淨是真如之體，遠離一切染垢；而法界是一切世間與出世間的功德所依。

淨法界三摩地在不同經典中，有各種不同的說法，在《尊勝佛頂脩瑜伽法軌儀》云：「**若欲作法念誦時，先須入淨法界三摩地，於頂上想有嚂字，三角智火形，色如日初出時，遍身為智火焚燒四大五蘊，唯有空寂。其法界真言曰：娜摩三曼多勃馱喃嚂**」

這是一種淨法界三摩地的修法。

在我們的偈頌中，主要的方法是以嚂 𑖨𑖽 字來燃燒，使我們自身完全清淨的方法。先燒除舊五蘊、舊五大而形成新五大。此法門有時稱為「嚂字觀」。

此嚂字觀的方法是：觀想嚂 𑖨𑖽 字燒盡自心地、燒盡法界。以自等乃至彼器等，能燒是嚂字，所燒是阿 𑖀 字。是以嚂字來燃燒阿字，此阿字代表自身。在此有二種說法：一是嚂字為紅色，一是白色。

另外還有一種修法是：入壇時，觀想嚂字為白色，而出壇時是觀想為紅色。

又有一說是嚂字觀想在頂上，由頂上開始燃燒。有一說是觀想嚂字在頂上四指處。

還有一種觀法是觀想在嚂字海底輪，或是密處。

因非作者果不生　因因自空何有果
真言密果離因業　無相三昧身證處
悉從心生法界王　自證正覺不思議
本尊瑜伽本法界　大悲胎生全金剛

這是對空性的深刻體悟，將其顯示現空的一切事業。因為一切因果根本是無生，所以染污也是不可建立。

「因非作者果不生，因因自空何有果」，如果「因」不是作者，那麼「果」自然不生；因為「因」沒有主體是虛幻的，所以一切果也是不生，根本是虛幻無自性。

因的體性是見空無自性，所以何有果報、果德可得呢？這是以究竟的空性來現觀因果如幻的關係，這也是清淨自心與清淨法界的作用。

所以當「因」不是造作者時，「果」自然就不會出生了；由此推論因本無生，所以因為「因」是自空的緣故，所以何有「果」可得呢？

「真言密果離因業，無相三昧身證處」，這顯示真言行者的密祕果德，是遠離因業的，是依止於無相三昧來修證，而不墮入於世間因果之中。

「悉從心生法界王，自證正覺不思議」，由無相三昧所出生一切的法界王，不再墮入於因果的境界中，一切自然皆悉從自心出生，這是每一個人可以親自證得的不可思議正覺果地。

「本尊瑜伽本法界，大悲胎生全金剛」，本尊瑜伽即是本然的法界，是由大悲胎藏所出生的全金剛。

一位真言行者，乃至一位大圓頓行者，都是安住於體性中修行。

在此，我們要注意到一個事實，就是我們目前生活中的一切，我們的家庭、事業，這日常生活中的一切事實是如實地存在著。在因緣中，我們或許可以藉由修行的方法，來試圖改變世間的緣起現象，也可以讓我們困頓的生活更趨於圓滿，但是這畢竟不是究竟的事業。

一位真實的修行者，他的生命是安住於體性的實相中，以清淨的心來過日常的生活，處理所有的問題，而不是隨順於世間無常的變化，使它們主導我們的生命，而隨波逐流。

一位大圓頓行者，或是真言密行者、禪行者，他們都是安住於體性來修行，以「一切眾生等究竟，如實毘盧遮那尊，乃至因非作者果不生，因因自空何有果。」的見解安住，而依此來看世間的一切眾相：順相、逆相、生相、死相、一切相。

我們安住於體性之中，順勢隨緣，終將匯入於法性流中；而在每個一因緣當中，隨其所建立的虛幻境界，終將會虛幻地寂滅，隨緣順勢而終匯入於法性流。

一位真正的大修行者，他會相應於世間的眾相，但是他的相應與凡夫有何不同呢？最大的不同點是他與世間眾相的相應是「如鏡相照」。

就如同一面鏡子，它不會祈求要控制鏡中所顯的一切事情，如果堅持要勉強控制，那這已經不是鏡子了。

一面鏡子是自然地鑑照萬物，如果將此鏡遠離世間業海，就如同將之置於清淨的園林，鏡子將鑑照出清淨的一面。

這也正是檢測我們的大圓頓心或是見地，是否鞏固的一個指標。

世間是微脆虛妄的，所以這些惡性的因緣，也會隨因隨緣而漸次寂滅。在我們的心中，不要有想急切改變因緣的心態，或許短時間在世間的因緣上會有稍許的改變，但是事實上，有時與實相又遠離了一層。這對於修行的進展而言，是相當可惜的。

對於世間的事情，我們要努力去圓滿；但是，是以無上的菩提心來圓滿它，我們要安住於空性來圓滿世間的眾事。這樣的基礎條件，是不能稍加遠離的。

事實上，世間的眾相是相當微脆的，而世間人常以為它很鞏固，未能安住於空性中，因此就遠離了。

所以，如果我們能夠安住於空性，而以無上菩提心來圓滿世間事，縱然世間眾相有順有逆，仍然不為所動，而如如不動安住於菩提道中來修行，如此才堪稱為真修行人。

我們的菩提心是要依正法行事的，這一點千萬不可忘記。

很多人學法，總希望馬上能改變世間的一些事情，但世間眾相是無常的，很多事情都會由於因緣而興起，也會隨著因緣崩潰的。如果以世間外相的改善來吸引我們修行，依止外相來安我們的心，試問世間的事業，我們能夠鞏固多久呢？

或許目前的事業發展得如日中天，如果一旦受到經濟不景氣的波及傷害，此時仍然可以活得很舒適、很長壽、很健康，可是總有一天也將要死去，當我們死後，試想一下，這些世間的榮華富貴與我們又有何相干呢？

或是有些夫妻兩人同時修習佛法，希望從此可以成為神仙眷侶，一輩子永不分離。當我聽到這樣的說法時，心裡不禁開始擔心，他們夫妻倆感情太好；夫妻恩愛當然是好事，但是人總有死去的一天，當面臨生離死別之時，活著的一方如何面對呢？

如果夫妻感情太好，對於空性的了解不夠透澈，沒有體悟無常，若有一方先走了，無法接受這個事實，另一方他所採取的方法可能是退縮在他自己的內心世界，斷除對外溝通的意念，這樣的樣況下，很容易染上老年癡呆症。

這樣的人躲進自己內心的鎧甲當中，斷絕與外界接觸，活在自己的小世界中，拒絕面對這樣的事實，這樣的生命是不是很可憐呢？所以夫妻感情很好，若不能接受無常，這也是很痛苦的事。

所以建議大家，夫妻感情真的很好，若有一方先走了，最好的處理方式：便是讓對方的精神常在。

譬如他生前最喜歡小孩子，如果有留下遺產，即可將遺產善為處理，用來成立照顧兒童的基金會，每次看到受照顧的兒童，便想起了對方；而自己目前的一切作為，正是對方最喜歡的事業，這不是很令人喜悅嗎！

我們看古代有很多孝子，非常地孝順，當其父親死亡時，他便傷心地哭絕而死，這真的是孝順嗎？恐怕是值得商確。

父親過世了，而兒子也因此傷心過度而亡，這其實是不合乎情理的。如果兒子很孝順，當父親還有一些願望尚未完成，便繼續完成他的心願，將其精神好好發揚傳承下來，如此才是真實的孝順。

因此，修行人要能看破紅塵，看破紅塵才能努力地做利生弘法的事業。

有人認為自己已看破紅塵，於是便遠離煩囂的世間，獨自跑到山裏頭；但這其實是看不破紅塵的行逕，因為若是看破紅塵，何必跑到山中呢？看破紅塵自然可以在紅塵中很自在安立才是。

若真正看破紅塵的人，於世間隨緣而安立，安住於佛法中如如不動。

世間的因緣眾相起起落落，不會說學佛之後，好事就一定隨之而來，這是對於因果的不了解；因為這代表了我們把學佛當做善事，只想求得好的果報，所以認為學佛之後，可能會有好的因緣產生。

但是學佛之後，也可能會有壞的因緣發生，這壞的因緣的現起，並不代表因為學佛而引發壞事，有時是在學佛之後引發業障的快速現前，這不見得是件壞事，反而更幫助我們趨入修行的核心。但是一些對佛法因果業力不了解的人，卻以恐懼退縮來處理，這是很愚笨的行為。

所以修行人，尤其是大乘行者，世間的事業要盡心盡力去做，而自心要安住於無上菩提當中，依止這無上的菩提心，來施行世間的一切善法而無所住。

為自己事業打拼，為親人服務，但在自心中卻不要執著，不執著並不是指我們不要去打拼，而是對於打拼努力之後的成果，我們不會去執著它。

對於類似的事情，很多人常弄錯。譬如有人教導我們要安住於空性中，於是有人對於空性產生的了解卻是：要安住於空性，所以什麼都不思惟、什麼都不做。

但事實上，空性不是不去思惟，而是在思惟之後不執著；否則，都不動腦筋，一片空白，那與白癡是無法分別了。

當我們規劃好如何去進行一件事情，就依照計劃行事，如實地做，完成計劃後，心中不去執著，結果的成功與否，也以平常心安住。讓我們的生命隨時隨地都感覺到充滿了精力，充滿了充沛的力量。

這源源不絕的力量來自何處呢？這是由大悲心所出生的力量，是由無上菩提心所產生源源無盡的力量。如此一來，我們面對這無常的世間，便永遠充滿了精力。

所以學佛的人於人生的道路上，不會永遠是贏家，但是可以保證安心穩固的。有些人即使擁有一千億的資產，他還是不安心，整天生活在憂慮之中；另外有些人雖然很貧窮，沒飯吃的時候有一點點煩惱，肚子空空時有一點點頭痛，但也不會不安心，不是嗎？

修鍊淨法界三摩地

法身如來大空現　自心圓明如自身
心月輪淨赤嚂字　放大淨燄焚心垢
四蘊淨性自法性　頂嚴嚂密焰光明
三角智火日初出　空點髻珠悲慧生
如來智火法界火　自頂注身遍至足
十字頂輪光焰滿　極無自性法界智
一切身分焚清淨　毛孔流火色蘊明
三毒深垢一切障　大小便利處淨觀

現觀自身等法界　通照自身內外明
身心垢盡法界生　自座下遍焚赤光
大地眾垢法界垢　淨盡法界自身生

「法身如來大空現，自心圓明如自身」，整個法身如來是由大空所顯現，自心圓明顯示真如的自身。

「心月輪淨赤嚂字，放大淨燄焚心垢」，在心月輪中，我們觀想一淨明赤色的嚂字，儘可能觀為立體，若沒辦法平面亦可。嚂字剛開始就如同初日一般，然後越來越明、越來越亮，到最後像霓虹、像燈焰一般明亮，然後開始燃起清淨的火焰。

「四蘊淨性自法性」，我們可以觀想清淨的火焰在心輪中燃起，將我們的四蘊：受、想、行、識的染垢都燃燒殆盡。

由於心垢焚燒殆盡，我們會產生清涼的覺受；火焰越大、心越涼，而心輪的脈結也隨之漸漸鬆開；因此，修習此法，很容易現起中脈。

當我們的四蘊全部清淨之後，法性自然現起了。

「頂嚴𤙖密焰光明，三角智火日初出」，四蘊清淨之後，接著清淨色蘊，即是第五蘊。我們觀想在頂髻（髮際八指處）上有一密焰光明的𤙖字，是為三角形的智火。當我們如實觀想𤙖字在頂髻上時，大家會感覺到頂上𤙖字的重量，要如實的體受。

𤙖字三角形智火就如同日出一般很紅、很亮，尤其中央的部分特別紅也特別明亮。

「空點髻珠悲慧生，如來智火法界火」，空點髻珠是指頂髻，以大悲水來澆灌我們的頂髻，則智慧的火焰熾燃更猛烈。這是從空性中所出生的清涼智火，是如來智火，也代表法界智火。

「自頂注身遍至足」，現在從頂髻開始往下注入全身至腳底，這就如同在「阿字觀」中融入的方法，由頂輪往下燃燒，從頂輪開始往內一直燃燒，

淨法界三摩地

1. 在頂髻上觀想嚂字三角智火

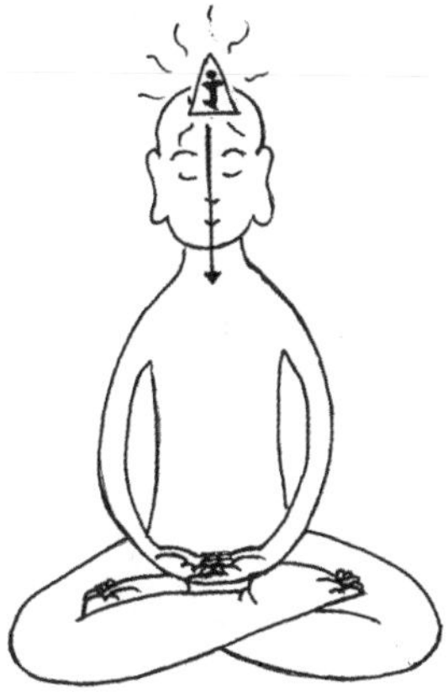

2. 嚂字從頂髻開始下注全身，身體全部燒融

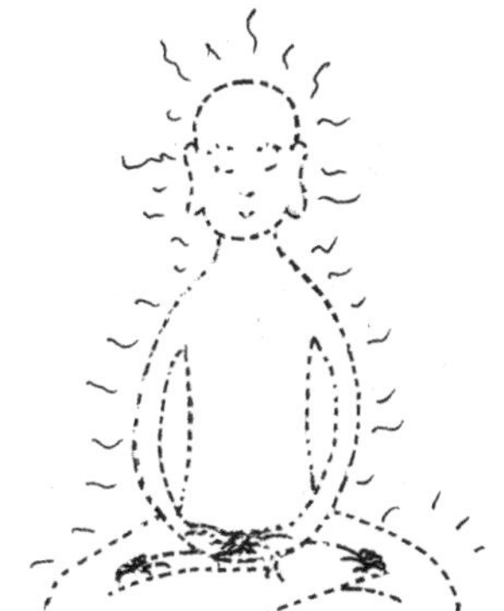

3. 清淨到每一個毛孔都流出光明火焰

4. 一切法界眾垢都焚燒清淨

至整個中脈、三脈、七輪燒融，從整個頭頂、腦髓、眼睛每一個地方都燒融進去，燃融直到腳趾頭；手的十個指頭，全身的五臟六腑，所有的骨頭、骨髓、肌肉全部都燒融。

「十字頂輪光焰滿，極無自性法界智」，火焰是從十字頂輪，極無自性當中所現起的法界智慧。

「一切身分焚清淨，毛孔流火色蘊明」，現在我們一切身體的支分，都已燃燒而完全清淨了，清淨到身上每一個毛孔都流出很明亮的火焰，從腳趾頭的毛孔，腳背、膝蓋、大腿、腹部、背部、胸部、手掌、十指、兩手背、頸部、頭部，全身每一個毛孔都流出光明火焰，全身都已焚燒清淨。

眼睛也流出火焰，不要只是從眼球的表面流出火焰，而是從裏部不斷流出火焰，所有的障礙都焚燒清淨，都變成了智慧的火性與光性。

耳輪是從耳朵裏面由內往外流出火焰，內耳、外耳都焚燒清淨。

鼻腔也流出了火焰，口腔、舌頭、毛孔全部都燃燒流出火焰，身體所有的染污，全部都燃燒清淨。

所有色、受、想、行、識，意念上所有一切障礙，全部都已經燃燒殆盡，現在我們的色蘊，身體上疾病、障礙、種種業因業障，都已焚燒清淨，身體就變成完全的火性——金剛火焰。而我們的心是放鬆的，一點火氣都不會往上揚。

「三毒深垢一切障，大小便利處淨觀」，由貪、瞋、痴三毒所造的一切的深垢，乃至一切障礙，甚至大小便利處，這一切障礙都被智火焚燒清淨。

「現觀自身等法界」，一初都清淨了，只剩下火性，整個身體是火性光明，於是現觀清淨的自身平等法界。

「通照自身內外明」，由諸佛所加持的智火，與我們自身的智火完全相融相應，所以遍照自身內外一切透澈光明，無有任何的雜垢與雜染。

「身心垢盡法界生」，身心的染垢完全清淨之後，就現起完全清淨的法界自身，即是進入毘盧遮那如來體性。

「自座下遍焚赤光，大地眾垢法界垢」，我們將火性的囕字由頂上往下燃燒，而由自身的座下遍焚放出赤色的火焰光明，將大地的一切染垢相都完全的清淨。整個大地、整個無邊無際的虛空、一切法界的眾垢都完全焚燒清淨了。

「淨盡法界自身生」，一切清淨之後，法界自身便自然生起，我們也變成了法界自身，而所依止的便是清淨的法界淨土。

淨法界三摩地燃掉舊有的五蘊、四大，成就新的五蘊、四大；將舊的五蘊、四大都清淨了，染污障礙都消失了，而建立起新的五蘊、四大。

在《尊勝佛頂脩瑜伽法軌儀》中，〈尊勝真言持誦法則品第二〉：「復次，若欲作法念誦時，先須入淨法界三摩地，於頂上想有囕字，三角智火形，色如日初出時，遍身為智火焚燒四大、五蘊，唯有空寂。其法界真言曰：

娜摩三曼多勃馱喃囕

心念口誦，想頂及遍體為三角智火形如上圖。」

法界真言，其義是皈命普遍諸佛，嚂字是火性，這個修法是心念口誦真言，觀想頂及遍身為三角智火形，整個身體變為嚂字。

這裡所介紹的修法是於由十字頂輪處智火灌注；另有一種修法是除頂上觀想嚂字外，大小便利處亦觀嚂字。

在修法的偈頌中是：先在心輪燒除舊四大，然後在頂輪燒除舊五蘊。而且我們除燒除自身的四大、五蘊之外，也燒除法界的四大、五蘊。

以上各種不同的修法是方便不同。淨法界三摩地是我們修持五輪塔觀的基礎，先將法界一切遍淨，然後生起清淨的五蘊、四大。

在此我們了解，在次第觀法中，是清淨舊的五蘊、四大，來成就新的五蘊、四大；但是，若以圓頓的觀點來看，會產生不同的看法：這舊的五蘊、四大與新的五蘊、四大，到底有何差別呢？

在這樣的體解中，修學淨法界三摩地，自身如法如實現起即可，依本來清淨，修持亦清淨；舊五蘊清淨，修持亦清淨；舊五蘊、四大是大日如來身，新五蘊、四大亦是大日如來身。

二、金剛地輪觀

在清淨法界之後，我們開始修習五輪三摩地，首先觀修的是金剛地輪三摩地。

在《尊勝佛頂脩瑜伽法軌儀》中云：「次即入五輪三摩地，便入金剛輪三摩地，觀己身臍已下，方形紫金色，為金剛輪。便誦真言曰：

娜麼三曼多勃馱喃阿

每字想時，口誦並歸命，心想本體字，其形如圖，阿字金剛輪黃色。」

金剛輪三摩地就是地大觀；金剛輪也就是大地際。

此法是觀想自身臍下部分為方形，此經所記載的顏色是紫金色，一般都是觀黃色方形的金剛輪，其中有金色阿字。這修法供各位參考，實修時仍依止以下的偈頌修持。

阿字金剛自體性　無上菩提心自心
諸法究竟本不生　自身圓壇置自體
六大體德常自在　瑜伽圓足法界王
一心安住自等引　臍下大金剛地際
大金剛輪菩提座　加持自身成自身
最勝阿字因陀羅　內外金剛等輪圓
菩提自座瑜伽座　引攝阿字第一命
能攝諸果離因業　不動堅固毀無智
善隨自意大成就　圓滿增益佛事業
行者一切常三昧　漫荼羅王大悲生

形方色黃圓地輪　阿字遍金遍照王
阿本不生大地生　能生萬物大堅固
大菩提心法界實　六度萬行萬果德
大日行者全佛行　阿本心地本菩提
菩提心植覺心種　永離眾障證大覺
大覺無生無可得　是本阿字如幻行
自行即示菩提行　金剛菩提大地輪

體解「阿字」

「阿字金剛自體性，無上菩提心自心」，在此提出一個很重要的觀點：當我們觀想阿𑖀字時，要體會阿字是法界金剛的自體性，二者是無二無別的。

我們所觀想的，不只是自身臍下的阿字，而是依阿字為一切法界體性來建立，這是法界心的祕密。這法界心即是無上菩提心，我們依無上菩提心的自心來現起，以自心求自心，是為隨求菩提心。

我們對於阿字的體解是：「諸法究竟本不生」，一切諸法究竟根本從來不生。

「自身圓壇置自體」，圓壇是指漫荼羅，以自法界身的漫荼羅來置於自身，以自金剛法界金剛輪三摩地來置於自身，所以在此不管這金剛輪是舊有或新成，都是法界本初。所以自身圓壇置於自體上，這是直接從本體現起。我們的所思惟的只是清楚明照，而清楚明照亦無可知，於無妄念處又如何追尋呢？實相本來就是如此。所以，我們自身圓壇能夠置於自體。

「六大體德常自在，瑜伽圓足法界王」，六大（地、水、火、風、空、識）的體德常自在，地大具足堅性，不動性；水大具足韌性；火大是延性；風大動性；空大含性；識大了別性。所以六大體德能夠常瑜伽相應、是常自在。

瑜伽圓滿具足是法界王，法界王是指大日如來。由於我們的六大體德常自在，了悟一切諸法本不生故，所以能夠成為瑜伽圓足的法界之王。

觀想阿字地輪觀

「一心安住自等引」，我們一心安住於三摩地當中，而平等引發法界體性力。

「臍下大金剛地際，大金剛輪菩提座，加持自身成自身」，我們觀想臍下為大金剛輪際，成就大金剛輪的菩提座，我們加持自身成就自身。

所以我們如實受用三力——依於法界體性力、諸佛加持力及自善修功德力，我們如實受用這三力加持，便能使我們具足圓滿成就佛果的大力，而究竟圓滿自身為法界身。所以這是以自力加持自身，以加持自身而成就自身，請各位要善加體會。

「最勝阿字因陀羅，內外金剛等輪圓」，因陀羅王是大地地輪王，最殊勝的阿字是地輪王，而整個法界內外皆成就大金剛地基，為平等的輪圓漫荼羅。

「菩提自座瑜伽座，引攝阿字第一命」，所以我們依臍下來成就菩提座，即是瑜伽座，引攝阿字成就最殊勝的菩提之命，成就無上的大日如來。

「能攝諸果離因業，不動堅固毀無智」，我們依此修持，能夠攝持一切真言妙果，而遠離一切的因業。不動堅固而能毀盡一切無智之相。

「善隨自意大成就，圓滿增益佛事業」，在此「自意」是指如來的覺性，善於隨順如來的覺性而證得大成就。由於地輪的形狀是方形，其色是黃色，在緣起上是屬於增益一切佛法事業。

「行者一切常三昧，漫荼羅王大悲生」，一切修行者隨時隨地安住於一切常三昧中，也就是六大常瑜伽、一切常體性三昧、或一行三昧中，而顯現起漫荼羅王出生大悲心。

「形方色黃圓地輪，阿字遍金遍照王」，圓滿的地輪的形狀是方形，顏色是黃色，在其中顯起遍金色的阿字，在黃色中有一個很清楚的金色阿字而成為遍照王。

在「阿字觀」的修法中，是觀想為圓月、蓮花、阿字，在五輪塔的地輪修法則是方形、阿字，都要觀想為立體。

修持地輪觀，在世間悉地上，我們的雙足會愈來愈強壯，愈來愈穩固。所以如果有下半身的疾病，修習此法，不僅能使病痛逐漸減輕，也能引攝屬於增益的事業成就。

在此再複習一遍：經由𠼝字清淨法界的修法中，如實的觀修時，讓整個身體空掉；接著觀想地輪阿字，則會有穩固的覺受現起，不是粗重、堅硬的感覺，而是很堅固。在黃色的地座中央有一個遍金色的阿字，阿字遍金遍照王。

如果精勤修習，修法日漸純熟後，便能隨時隨地一念現起，都能夠清楚覺受。

成就金剛菩提的大地輪

「阿本不生大地生」，阿字為一切本不生之義，而能夠出生萬物大地。

在「拙火瑜伽」中，我們是以短阿來修持拙火，也是依阿字本不生之義，來出生清涼的智慧之火。（若欲詳細瞭解，請參閱《智慧成就拙火瑜伽》）

就緣起義而言，當我們書寫阿字時，這下筆的第一點，即可稱為阿點，因此任何梵字第一點都可稱之為阿點。

所以，當我們修習拙火瑜伽時，是由無生中生起智慧的拙火，即是從空性中出生；以阿點來生起智慧之火，在緣起上也是很相應。

《大日經》卷三云：「**行者如次第，先作自真實，如前依法住，正思念如來。阿字為自體，並置大空點，端嚴遍金色。**」

觀自心是實相，也就是菩提心。什麼是菩提呢？菩提是如實知自心，我們要以無上菩提心來修持五輪塔觀。

「大菩提心法界實，六度萬行萬德果」，大菩提心是現成的法界實相，能夠行六度萬行而成就果德。

我們要體悟從本不生的阿字中，能夠出生一切，當下即是本不生。如此我們自心則能提得起、放得下；不需要任何的準備動作，隨時都可發心。

有些人常常需要在某些條件具足之後，才想要發心；而且發心之後，忽然遇到因緣條件不符合時，其菩提心就開始退縮，而不想繼續發心，這就是願菩提心的不鞏固。

但是，當我們修至菩提心不退墮時，很自然地，當我們看到好的事情，就會自然去實踐了。

真正的菩提心是該做的事就自然去做，毫無黏滯，無需任何準備動作，事情也變得很簡單了。

所以當我們了悟，阿字本不生而出生大地萬物，大菩提心是法界實相，那麼，我們行六度萬行就如探囊取物；但是否都很順利，那倒是不一定，因為也會為囊中的異物所傷害。但是，也不會因為可能被傷害而有所退卻不前，畢竟一切阿字本不生。

「大日行者全佛行」，大日行者是全佛之行，因為整個法界是大日如來，所以全佛行是必然的，因為大家都是佛。

「阿本心地本菩提」，阿字是本然的心地，即是本然菩提。

「菩提心植覺心種」，菩提心植始覺心種，始覺本來就在菩提心裡頭，所以本覺與始覺根本如一，「植」只是幻化的遊戲罷了！「植」本身仍舊是無生啊！

「永離眾障證大覺」，因此能恆永遠離諸眾障難，而證得大覺果位。

「大覺無生無可得，是本阿字如幻行」，大覺本是無生無有可得，是本然無生阿字的如幻之行。

「自行即示菩提行，金剛菩提大地輪」，自行即是示現菩提行，這就是成就金剛菩提的大地輪。

一般五輪塔是阿、鑁、嚂、訶、佉這五字，但是有時亦會見到四種菩提塔的五輪塔，即是一般所講的四種菩提心門：發心門、修行門、菩提門、涅槃門。

在其中，阿字是其根本的祕義，阿字義是一切本不生，然其最主要有三義：空、有、不生。（若欲詳加了解，請參閱《月輪觀・阿字觀》）。從無生當中現起一切眾相，而當一切眾相生起之時，仍要注意：還是阿字本不生。因為是在無生當中，所以能夠出生一切；而在出生一切的每一個當下，也都是無生，所以在任何時候都是無生無滅。

在圓頓的見地中，是以無生為中心，以此來總攝其它的法門。

四種菩提心門的五輪觀塔

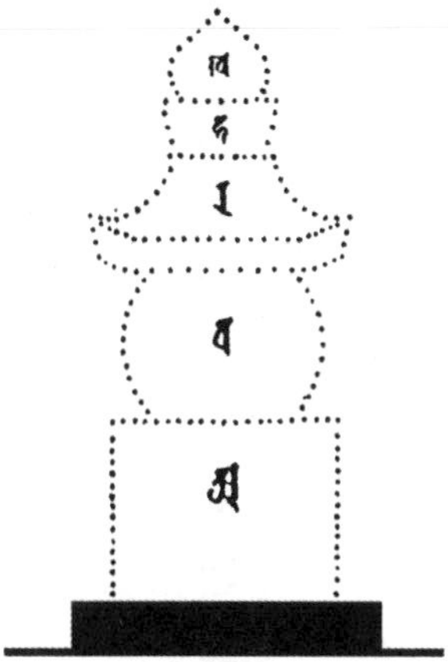

發心門

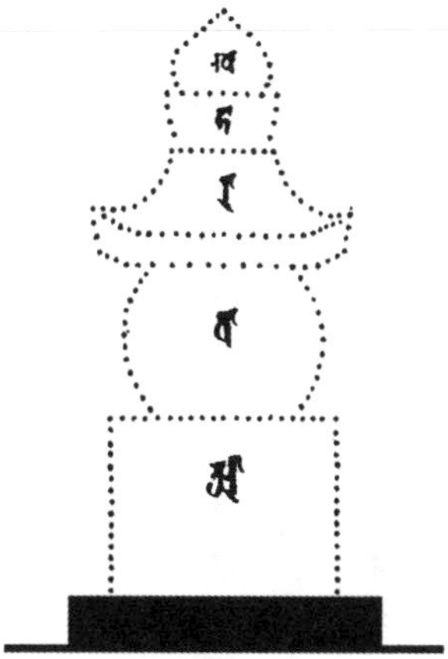

修行門

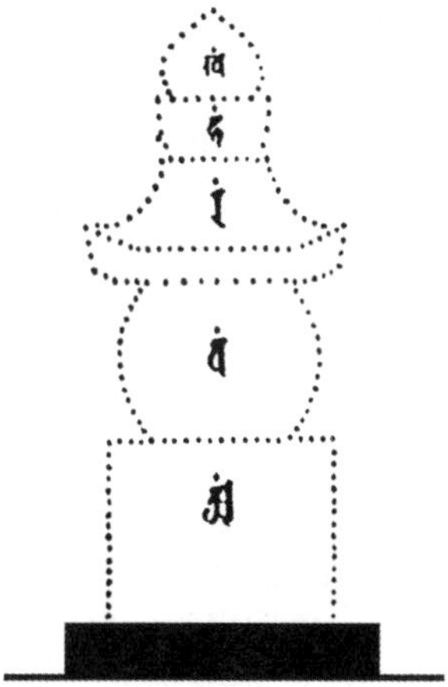

菩提門

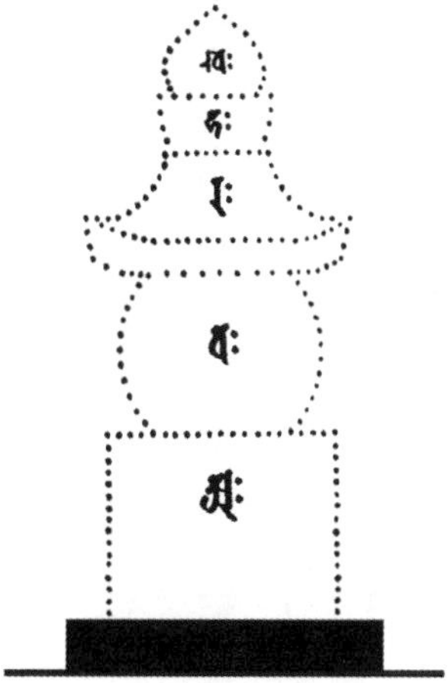

涅槃門

緣起的相上是多變的，希望大家不要讓這法界自性的見地墮下，由於我們常常會因為在緣起的相上的推演，推演到最後忘記初始之心，卻墮入相上的執著。

所以在此仍要有一念明覺生起，翻轉回到初始之心，在當下消融一切過失，這才是無生見地的鞏固。

現在我們下方的金剛輪地際觀想成就，接著觀想大悲水輪。

三、大悲水輪觀

水輪又稱為大悲水，這是悲水三昧的修法，又可稱為鑁字觀。

《大日經》云：「佛子應復聽，第一嚩字門，雪乳商佉色，而自臍中起，鮮白蓮華臺，而於彼中住，甚深寂然定，秋夕素月光，如是漫荼羅，諸佛說希有，思惟以純白，輪圓成九重，住於霏霧中，除一切熱惱。淨乳猶珠鬘，水精與月光，普遍而流注，一切處充滿。行者心思惟，出離諸障毒，如是於圓壇，等引作成就。乳酪生熟酥，頗胝迦珠鬘，藕水等眾物，次第成悉地。當得無量壽，應現殊特身，一切患除息，天人咸愛敬。多聞成總持，善慧淨無垢，由斯作成就，速證悉地果。是名寂災者，吉祥漫荼羅，第一攝持相，安以大空點。」

在思惟上以此為依止，筆者也將之引攝於大悲水輪觀中。

無礙三昧自解脫　鑁水能淨煩惱垢
心身精進本無間　菩提萬行無散亂
性德圓海水不散　自性遠離眾言說
自臍圓輪如霧聚　秋夕素月鑁字光
輪圓純白九重月　一切熱惱自淨銷
鑁字雪乳商佉色　淨乳猶如珠鬘聚

水精月光遍流注　一切充滿自淨涼
等引成就自圓壇　乳酪生酥水精鬘
無量壽者大持明　除患總持成多聞
善慧普淨成無垢　速證圓滿悉地果
寂災吉祥漫荼羅　本然離言無可得

體解悲水三昧

「無礙三昧自解脫」，悲水三昧同時也稱為無礙三昧，無礙三昧是指一切無礙。當我們安住於無礙三昧當中，自然法爾解脫。

所以我們對於法界一切眾相，要有「不昧因果」的見地，而不是「不落因果」的想法。如果我們在淨信中，而認為沒有因、沒有果或是墮入因果，這樣的想法就落於次第輪轉，為世間相所纏縛。這是因為害怕得到果相，而不能超脫，反而被果相所牽制。

對於這樣的問題，最好的方法，便是對一切因果相，當下就現起無生的念頭，因為不落入世間的因果中，就能不昧於世間的因果。

如是因，如是果，因果是自然的起滅。而因果都是虛幻不實的，它不會改變其體性。就像在大海中現起眾浪，而波浪的生起與沉滅，對於大海本身而言是毫無影響的，大海仍然是大海。

我們對於世間的一切眾相，這些細細密密的事情行為、行止，都要依於體性來行動、出發，很清楚地觀照到因果，隨時隨地也都能安住在無生的體性當中。

在修學佛法的過程中，很多人常常弄不清楚世間法與出世間法的差別，但無論如何，我們都應安住於無生的體性中，來觀照世間的一切眾相，這樣的根本見地是不能改變的。

工作時有魄力、努力地去做，而魄力、努力亦是無生；吃飯時吃飯，睡覺時睡覺；如果生病了，不被生病所執縛，也不會因為生病而被健康所執縛，對於無礙三昧，我們要如此體解。

「鑁水能淨煩惱垢」，鑁是水大種子字，鑁水即是大悲水，這大悲的鑁水能夠清淨我們的煩惱垢染。

「心身精進本無間，菩提萬行無散亂，性德圓海水不散」，當我們隨時隨地都安住在無生法當中，而能行一切行；安住在無生法忍，即是起無功用行，這才是真精進行啊！

而不是每天晨起大喊著口號：我要精進！我要努力！出門時的戰鬥能力百分之九十九，而晚上回到家中卻只剩下百分之三，這不是精進行。

我們的心身行精進，是要無間安住於無生法忍中，這是大精進。

我們修行悲水三昧，能使我們菩提萬行不散亂，我們的體性妙德就如同圓滿的大海不散，能很清楚地映現萬物。

「自性遠離眾言說」，阿字義是本不生，而鑁字義是自性遠離一切言說。

觀想鑁字水輪

「自臍圓輪如霧聚，秋夕素月輪字光」，現在我們自身的臍輪就如同白霧開始聚集，集聚成如同中秋夜的素月，而鑁字從中現起。所以這水輪是白色、圓形，上面有光亮的鑁字。

「輪圓純白九重月」，輪圓九重是指心識九重——九識，我們在「阿字觀」中介紹的是九重阿字，它是以中台八葉來顯示；而此九重月是九個月輪直接重疊著，九重月亮都很透明，代表我們的心識如同九重月一樣純白透明。

「一切熱惱自淨銷」，修習這水輪觀，一切熱惱自然清淨而銷融了。

「鑁字雪乳商佉色，淨乳猶如珠鬘聚」，鑁字的顏色就如同雪白的乳液泛出如螺貝上的銀色亮光，商佉（śaṅkha）是螺貝。這白色光亮的淨乳就如同珠鬘串連在一起。

「水精月光遍流注，一切充滿自淨涼」，圓形白色透明的水輪上有晶亮的鑁字，二者如同水精月光相互交融流注，一切充滿而自清涼。現在將鑁字觀想清楚。

「等引成就自圓壇，乳酪生酥水精鬘」，如是修持則能平等引發自身成就圓輪漫荼羅，就如同由乳酪中提煉出醍醐，從水精中流溢出的寶鬘一般。

修持水輪觀的功德

「無量壽者大持明，除患總持成多聞」，如是修習則能成具無量壽者大持明，能除去一切過患，而成就總持具足多聞。

「善慧普淨成無垢，速證圓滿悉地果」，如是修持，我們能夠成就善慧，獲致普遍清淨一切無有垢染，而速證圓滿悉地果德。

「寂災吉祥漫荼羅，本然離言無可得」，消災吉祥的大漫荼羅，它本然離於言說而無有可得。

息增懷誅四種事業，已經本然存在輪圓之中，而藉由五輪塔觀的修持，使我們總持的能量更於增強，而能總持各總法門。

《尊勝佛頂脩瑜伽法軌儀》水輪真言：「**娜麼三曼多勃馱南鑁。**」

《大日經》云：「**鑁字素月光，在於霧聚中，加持自臍上，是名大悲水。**」

大悲水是由此經引出，所以稱為悲水三昧。大悲水輪觀修完，我們接著修習智火光輪觀。

四、智火光輪觀

智火光輪觀，即是火輪觀，也是嚂字觀，是屬於修持心輪的三昧成就。

智火光輪觀

嚂字究竟勝真實　清淨六根燒業薪
六根淨障證菩提　瑜伽善修等圓證
所住三角持本心　悦意遍形赤色光
嚂字形赤初日暉　智火光明自法界
寂然周焰鬘明空　智者瑜伽成眾事
攝怨消伏眾雙邊　智火輪王具圓滿

「嚂字究竟勝真實，清淨六根燒業薪」，嚂字是一切究竟勝義之真實。由於往昔我們流浪生死所造的一切業，而這些業都是由我們自心所產生，但是這些諸因業緣，如今卻成為使我們能夠在此修習廣大成就的因緣。因為如果我們一直安住在真空，而沒有諸因業緣的助益，是無法生成菩提果的，所以二乘（緣覺乘、聲聞乘）是入於空，所以他們不能勝修菩提果，而我們卻反而能經由發心而修證菩提果。

過去我們造作的種種業，然而這些業的根源是本來本淨無生；可是在因緣上，讓我們轉染成淨，然而這些業緣，卻成為能讓我們成就果德的因緣，也是讓我們廣度一切眾生的因緣。

依此立場我們寧可起我見如高山，不起空見如芥子許，這是依此立場來談。入空見則灰生滅寂，是無法逆轉過去的惡業而成就菩提。

一位修學菩提心的行者要了解，我們過去的因緣就是現在成就的祕義，因為過去種種惡業的緣故，而使我們現在有因緣，來使之一一成為清淨的佛果。所以我們以嚂字成為焚燒我們惡業的薪材，清淨我們的六根（眼、耳、鼻、舌、身、意）。

「六根淨障證菩提，瑜伽善修等圓證」，我們的六根清淨了，一切障難消融了，便能圓證菩提，瑜伽善修而能等持圓滿證得佛果。

觀想嚂字火輪

「所住三角持本心，悅意遍形赤色光」，嚂字住於心輪，其形為三角火輪，三角火輪歡喜地生起赤色的光明，我們也生起很歡喜的心。

「嚂字形赤初日暉，智火光明自法界」，形赤色的嚂字好像初日的暉光。在三角火輪的赤色光明中，中間顯現出如同金剛鍊光般形赤色的嚂字。

修鍊純熟後，三角火輪的光明會更為熾盛，而嚂字的光明也更顯晶亮而透明，智火的光明自然周遍法界。

《大日經》云：「**嚂字初日暉，彤赤在三角，加持本心位，是名智火光。**」

「寂然周焰鬘明空，智者瑜伽成眾事」，整個智慧之火寂然周遍，焰鬘整個法界光明性空，這可稱為智者瑜伽，所以智者瑜伽能夠成就眾事。

「攝怨消伏眾雙邊，智火輪王具圓滿」，能夠攝伏一切怨離，消伏一切煩惱及雙邊的對立的觀念都能銷融。這可稱為智火輪王具圓滿。

修持嚂字火輪的功德

修持這個法門對於我們中脈的開發，或是修習拙火瑜伽，都有很大的助益。

當我們如實觀想時，心輪會有清涼的覺受產生，或許有人會感覺奇怪：為什麼會愈焚燒愈清涼呢？

這是因為一般人的心脈是糾結在一起，所以當我們修持智火光輪觀時，心脈的糾結會逐漸鬆開，脈輪會自然呼吸，智慧氣也會因此而自然生起。

在焚燒的過程中，可能會感覺到有些奇怪的東西在裡頭，這就是我們心的障礙，所以將之焚燒殆盡，那麼我們就能攝伏一切怨對，將五毒（貪、瞋、癡、慢、疑）一一銷融。

我們要精勤修習，將多年糾纏的脈結，以智慧之火、法界之火來使心輪的脈結鬆開，讓智慧之氣自然生起。

《尊勝佛頂脩瑜伽法軌儀》火輪真言：「**那摩三曼多勃馱南嚂。**」

《大日經》云：「**囉字勝真實，佛說火中上，所有眾罪業，應受無擇報，瑜祇善修者，等引皆消除。所住三角形，悅意遍形赤，寂然周焰鬘，三角在其心。相應觀彼中，囉字大空點，智者如瑜伽，以此成眾事。日曜諸眷屬，及作一切火，攝取發怨對，消枯眾支分，是等所應作，皆於智火輪。**」

修習此法則於火大的一切事業皆能成就。

攝持金胎兩界的大日如來

在《五輪九字明祕密釋》有一圖（如圖示）是攝持金剛界與胎藏界兩部，是代表二部的大日如來，一是胎藏界大日如來手結法界定印，一是金剛界大日如來手結智拳印。所以此圖像本身就是金胎兩界。

這以大悲水輪為根本而產生三角智慧火輪，在此悲智相互交融，亦可喻為金剛喻定中的海印三昧，所以無有金剛喻定就沒有毘盧遮那佛產生，我們也可以如此來體會。

五、風自在力輪觀

風自在力輪觀，是風輪觀，又稱為自在瑜伽，此名是如同《大日經》云：「**唅字劫災焰，黑色在風輪，加持白毫際，說名自在力。**」

訶字第一真實性　　風輪出生掃塵勞

因業果報種子長　摧壞一切證涅槃
智者善觀白毫位　眉間深青半月輪
吹動幢幡自在力　最勝訶字深玄色
廣大威力現暴怒　焰轉大力等自在
安樂吉祥大降伏　住此廣大漫荼羅
成就眾事作義利　應現眾生滿眾願
不捨此身神通境　遊步大空身祕密
六根清淨開深祕　圓滿一切佛事業

體解「訶」字

「訶字第一真實性，風輪出生掃塵勞」，訶𑖮字顯現最深的真實性，能出生風輪，風輪出生則橫掃一切塵勞妄想。

「因業果報種子長，摧壞一切證涅槃」，風輪能摧壞一切因業果報諸種子的增長，亦摧壞一切而成證涅槃。

《五輪九字明祕密釋》云：「**三解脫門：如風大能掃輕重塵類；****字風大能掃八萬塵勞，證四涅槃理；****字因緣之風止息時，是名大涅槃安樂。**」

又《大日經》云：「**訶字第一實，風輪之所生，及與因業果，諸種子增長，彼一切摧壞。**」

觀想訶字風輪

「智者善觀白毫位，眉間深青半月輪」，智者在眉間白毫的位置，也就是在眉心輪的位置，觀想一深青色的半月輪，是近於黑色的深青色。

「吹動幢幡自在力，最勝訶字深玄色」，這半月形的風輪有吹動幢幡的自在之力，其中顯現最勝的訶字，訶字為深玄色，也就是黑色。

這些顏色、字的傳承都是相應於內義上面，是從法的意旨、三昧耶漫荼羅：地、水、火、風、空，形色與大漫荼羅相應在一起，地、水、火、風、空是如理建立的，是依整個宇宙的緣起而建起。

根本的理則大家要清楚了解，隨著傳承、法脈的傳法不同，而隨順著法門來掌握。

風輪的形狀是半月輪，也就是缽形，大家儘可能都觀想成立體的形狀。半月風輪深青色，有深玄色的訶字，深玄色是黑色得通透明亮，這種黑色也是一種光。試想如果沒有光線，但是我們仍然看到黑色，這不是很有意思呢？黑色是種光，大家可以好好體會一下。

我們前面介紹在心輪的位置，觀想智火光輪會有清涼的覺受產生。而在藏密〈中陰靜忿百尊〉的修法中，心輪亦可引生出四十二寂靜尊，而在風輪是引生出五十八忿怒尊，風大摧毀一切，相應於忿怒尊，其力量實在相當強大。

在這樣的修法次第當中，若以五輪而言（頂輪、喉輪、心輪、臍輪、海底輪），五輪塔觀缺少了喉輪的修法。由此亦可知，每個修法在身體氣脈的觀修上都不盡相同，所以不一定是固定三脈七輪或五輪的修法，在不同的修法中會結合不同的方法、緣起。

讓我們試圖由上往下俯瞰深青色近於黑色的缽形半月輪，中間有黑色通透晶亮的訶字，每一點都是黑得發亮透明，就如液晶體一般。

「廣大威力現暴怒，焰轉大力等自在」，風輪具足廣大的威德而能顯現暴怒形，這強大力量極為不可思議，如同黑焰旋轉大力而平等自在。

這黑色的焰力是由風所轉出的，在印度稱之為黑風，也很類似美國的龍捲風；黑風其實就是颶風，有如在海上的大黑風。

風輪成就的功德

「安樂吉祥大降伏，住此廣大漫荼羅，成就眾事作義利，應現眾生滿眾願」，因為它具足廣大的威力，能夠安樂吉祥大降伏，而住此廣大風自在力漫荼羅、自在力三昧中，能夠成就眾事廣大益利，順應眾生滿足一切眾生的大願。

「不捨此身神通境，遊步大空身祕密」，不捨此身能夠現起廣大神通境界，遊步大空並不是指進入空，而是能在空門當中漫遊，而具足身的祕密。

「六根清淨開深祕，圓滿一切佛事業」，修習此法能夠使我們眼、耳、鼻、舌、身、意六根清淨，開啟一切深祕的法門，而圓滿一切諸佛事。

風輪真言：**南摩三曼多勃馱南訶**

《大日經》云：「**彼一切摧壞，並以大空點，今說彼色像，深玄大威**

德，示現暴怒形，焰鬘普周遍，住漫荼羅位，智者觀眉間，深青半月輪，吹動幢幡相，而於彼中想，最勝訶字門。住彼漫荼羅，成就所應事，作一切義利，應現諸眾生。不捨於此身，逮得神境通，遊步大空位，而成身祕密。天耳眼根淨，能開深密處，住此一心壇，而成眾事業。」

六、大空輪觀

佉字究竟大空義　周遍法界第無礙
降伏一切魔軍眾　初坐菩提道場中
空大不障萬物長　凡聖依止淨穢同
諸因體性不可得　因因無性無果果
如是眾業實不生　三無自性得空智
相成一切色頂嚴　尊勝虛空空大空

諸法平等悉成就　圓輪自身自圓輪

體解「佉」字義

「佉字究竟大空義，周遍法界第無礙，降伏一切魔軍眾，初坐菩提道場中」，佉  字是究竟的大空義，能夠周遍法界平等無礙，能夠降伏一切魔軍眾，如初坐於菩提道場中成就。

「空大不障萬物長，凡聖依止淨穢同，諸因體性不可得，因因無性無果果」，空大不會障礙萬物的生長，凡聖所依止之處是淨穢等同，這也代表著諸因業的體性是不可得的，因為因業都為無生體性，所以亦無果可得了。

「如是眾業實不生，三無自性得空智，相成一切色頂嚴，尊勝虛空空大空」，因此大家要了解一切眾業其實本不生，一切根本無自性，所以三輪體空：說法者、聞法者、眾法三者體性皆是現空，所以三者無自性而得空智。

但是空智者無為不可得，而一切無生無不生，所以能夠成具一切諸色。

於是，我們的頂上莊嚴成就。這空大的顏色是一切色，另一種說法是無雲晴空色或虛空色，所以是尊勝虛空空大空。

觀想佉字空輪

「諸法平等悉成就，圓輪自身自圓輪」，我們如是了悟諸法平等皆悉成就，圓輪的自身自在圓滿輪。

《大日經》云：「菩薩大名稱，初坐菩提場，降伏魔軍眾，諸因不可得，因無性無果，如是業不生。彼三無性故，而得空智慧，大德正遍知，宣說於彼色，佉字及空點，尊勝虛空空。兼持慧刀印，所作速成就，法輪及羂索，揭伽那剌遮，并目竭嵐等，不久成斯句。」

又同經云：「佉字及空點，相成一切色，加持在頂上，故名為大空。」

《尊勝佛頂脩瑜伽法軌儀》云：「**次觀於頂上欠字，大空輪具一切色、種種眾形，號為大空輪。**」

此經中記載大空輪為種種眾形，而經上的圖（如圖示）為半蓋缽形。現在一般常見的都是金寶形，但是早期的畫法是將空大畫成圓形，所以在初期並沒有固定的形狀，固定的形式都是後來發展出來的，像《百寶鈔》

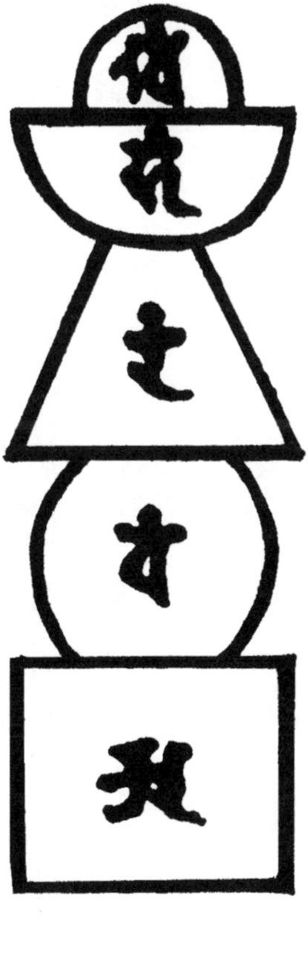

《尊勝佛頂脩瑜伽法軌儀》中的五輪塔

中是為寶形，《五輪九字明祕密釋》是比較後期的經典亦為寶形，後期就將形狀統一、慢慢固定化了。

在《五輪九字明祕密釋》中有一世界依正的圖（如圖示），世界的依正分為盡上方世界、盡下方世界，上方世界的內五輪觀是指我們身體，下方世界是外五輪觀。

世界依正圖（出自《五輪九字明祕密釋》）

五輪塔的四種漫荼羅

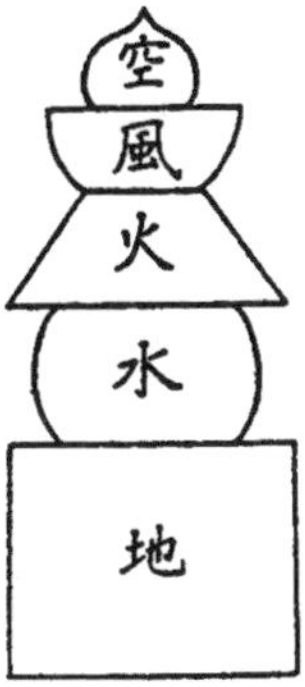

三漫荼羅

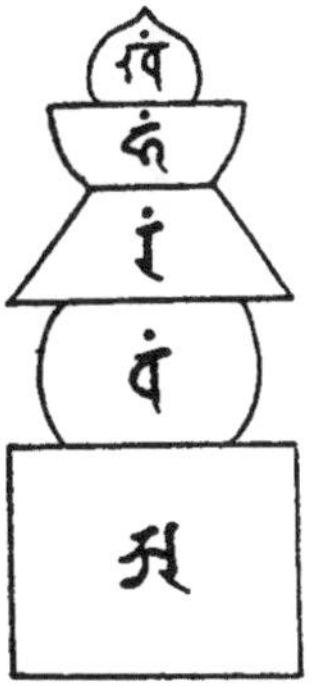

法漫荼羅

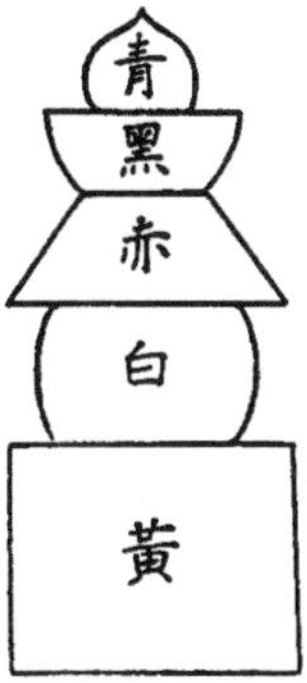

大漫荼羅

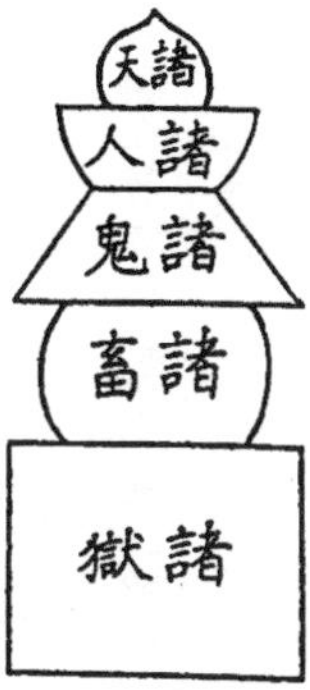

五趣漫荼羅

那麼在這樣的說法中，我們以海印三昧等同觀察，應該比此說更為如理圓滿，而以自身世界和外世界的統一。

這內外五輪統一的說法，在經典中記載得很清楚，所以我們仍舊依止偈頌的方法來修習。

另外還有五輪塔的四種漫荼羅的圖。阿、鑁、嚂、訶、佉五大種子字為法漫荼羅，地、水、火、風、空五大的現象，視之為三昧耶漫荼羅，以青、黑、赤、白、黃五色視為大漫荼羅，而「五趣」則可視為羯摩漫荼羅。

在五趣中缺少修羅，在六道中則有修羅道，而五道不講。但是在筆者的立場，不建議以五趣來表達，因為如此的話，佛、菩薩、二乘道將要安置在何處呢？如果要以五輪塔來表達，建議是：空輪為佛界，風輪為菩薩界，三角火輪為圓覺界，水輪為聲聞界，六道為地輪。這樣這是一身具足十法界的五輪塔。

又同經云：「**五輪為五部，五部為五智，五智為五方。**」這五輪就是五

以五輪塔表具足十法界

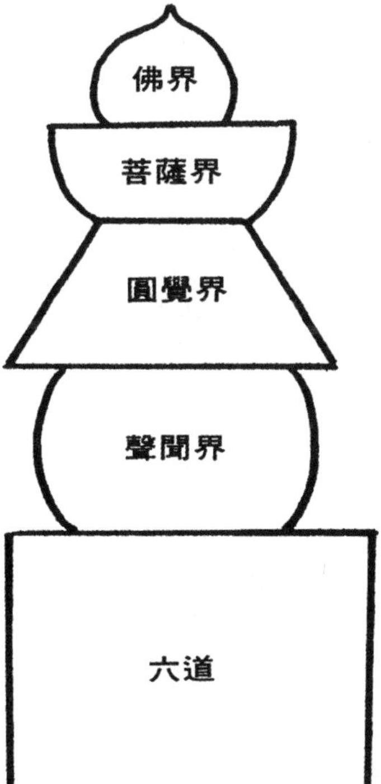

一身具足十法界

部如來，五部如來顯示五智，地大是大日如來，水大是阿閦如來，火大是寶生如來，風大是阿彌陀如來，空大是不空成就如來。

相對於藏密的五大是五方佛，空大表大日如來，水大是阿閦佛，火大是阿彌陀佛，地大是寶生如來，風大是不空成就如來。

而相應息增懷誅四法：南方黃色是增法，西方紅色是懷法，北方綠色是誅法，東方白色是息法。

在此，不同的看法，有其不同的表達方式，但是二種論點都沒有錯謬，只是現今的因緣大家比較接受哪一個方法，而不是指哪一個論點不對，這是緣起意義的不同。

就如同現在一般講的五色，是金剛界五色的配置，然而藏密與東密金剛界的說法又有不同，與中國所流傳的五方佛、五色又有不同，因為中國的五方佛與五行又有了結合。所以只要掌握基本理則，就易於了解其發展的不同。

《五輪九字明祕密釋》云：「自覺本初之住心，是名自然覺，又名如實知自心。深義更問，一切眾生色心實相，無始本際毘盧遮那平等智身。色者色蘊開為五輪，心者識大，合為四蘊；是則六大法身法界體性智。五輪各具眾德，故名為輪體相廣大，稱為大名。五佛自覺覺他故，名為佛；五智簡擇決斷故，名為智；色者不離心，五大即五智，心者不離色，五智即五輪色即是空，萬法即五智；空即是色，五智即萬法；色心不一故，五大即五藏，五藏即五智。」

此經以這樣的推論來含攝，其中有一大妙用，即是將五藏納入。這樣的用法是從中國智者大師開始，然後經由善無畏三藏、金剛智三藏、不空三藏等將中國所流傳的緣起條件融攝於法門中。

所以密教的法門，反而與世間緣起銜接的很密切，但是，可惜的是中國的唐密並沒有廣大的流傳與發展。

同經「圖云」：

肝藏主眼　阿賴耶識
大圓鏡智　寶幢佛
阿閦　藥師　發菩提心
東　木　春　青

肺藏主鼻　意識
妙觀察智　轉法輪智
無量壽　證菩提果
西　金　秋　白

心藏主舌　末那識
平等性智　華開敷
寶生　多寶　行菩提行
南　火　夏　赤

腎藏主耳　五識
成所作智　不空成就
釋迦　天鼓音　入涅槃理
北　水　冬　黑

脾藏主口　奄摩羅識
法界體性智　毘盧遮那
佛　具足方便
中央　土用　黃

已上無畏三藏傳

土。地。鎮星。中央。黃。土公。堅牢地神。
水。水。辰星。北方。黑。水天。龍神。江河水神。
火。火。熒惑星。南方。赤。火天。火神。

金。風。太白星。西方。白。金神。風神。

木。空。歲星。東方。青。木神。虛空天。空神。

已上不空三藏傳

自心發菩提。大圓鏡智。寶幢。阿閦。東方。

即心具萬行。平等性智。華開。寶生。南方。

見心正等覺。妙觀察智。阿彌陀佛。西方。

證心大涅槃。成所作智。天鼓。不空。釋迦。北方。

發起心方便。法界體性智。大毘盧遮那佛。中央。

密嚴淨土理智不二五佛五智，即金剛界是胎藏五佛五智。

發菩提心。大圓鏡智。阿閦。寶幢。

行菩提行。平等性智。寶生。華開。

成菩提果。妙觀察智。阿彌陀佛。

𑖮𑖾 入涅槃理。成所作智。不空。天鼓。釋迦。

𑖏𑖾 方便具足。法界體性智。大日如來。

金剛界不二摩訶衍五佛心王，是即胎藏、即是金剛界不二，五佛、五智。如知此 𑖀 字五輪，餘字母亦復如是，各具五智故，亦有無際智圓鏡力故實覺智，此名自心成佛。若行者於四時中不令間斷，在眠在覺觀智不離，順三摩地，即身成佛此生非難。

七、五輪五字嚴身觀

五輪五字嚴身觀是將前面的修法做一個總持，在修習之前，我們先將前面的修法次第再複習一次。

首先是淨法界三摩地——嚂字觀。將五蘊（色、受、想、行、識）完全清淨，然後觀想在頂上十字縫處現起嚂 𑖨𑖽 字，嚂字火焰熾燃，由上往下焚燒全身，將自身的三脈七輪、身體所有的支分、骨髓、所有的內臟，全部都燒盡。

燒盡之後，再從眼、耳、鼻、舌、身、意每一個毛孔都流出火焰，整個身體完全清淨。

再從足下往下燒，燒遍一切地輪，整個外法界也都全部變成清淨，這是淨法界三摩地成就。

淨法界三摩地成就之後，我們修習金剛地輪觀，觀想自身臍下黃色方形，地輪中間是阿 𑖀 字明朗現前。

然後腹部是大悲水輪觀，水輪如聚霧的九重月輪，中間鑁 𑖪𑖽 字如商佉色如雪乳。

接著心輪嚂 𑖨𑖽 字，嚂字如初日暉。再來是風輪深青色，中間訶 𑖮 字是黑的晶亮的深玄色。頂上是佉 𑖏 字空輪，空輪我們可以觀想成一切色或是如同無雲晴空之藍色。其形狀為寶形、半圓形或為圓形。

以上的方法修鍊純熟鞏固之後，繼續修持五輪五字嚴身觀，會感覺更加明顯受用。

要提醒大家的是：除了在靜坐中可修習五輪塔觀，基本上行、住、坐、臥也都可以修習，此法門特別是對於我們的身體有很大的利益。

五輪現觀攝六大　平等現圓法界身
五大自身即圓壇　五字嚴身遍法界
吾遍法界身自體　法爾實相不可得
諸佛亦遍法界身　無初無相示本初
吾身遍入諸佛身　歸命諸佛即圓滿
諸佛身入吾身中　諸佛攝護密入密
身界本等法界身　現成六大自瑜伽

身語業入佛語密　自以語業讚諸佛
諸佛語密入吾身　諸佛教授真加持
十界語言法界語　現成金剛密實相
我自意業實相體　入佛意密體實相
現知佛心吾自心　以佛意密實相體
入吾意業體實相　諸佛觀照開示我
已成如來離因業　正覺圓滿三平等
平等三密遍法界　現成五輪自瑜伽
六大常恆體性圓　五智四身十界具
諸佛平等三密相　眾生本具漫荼羅
實相體中自身本　五字嚴身成法界
阿鑁嚂訶佉體中　方圓角鉢大空形
一念安住本實相　相續無間本圓輪

究竟實相大事業　無盡緣起盡時空

「五輪現觀攝六大，平等現圓法界身，五大自身即圓壇，五字體身遍法界」，現觀五輪（地、水、火、風、空）攝受六大，除前五大再加上識大，則平等現前圓滿法界身。自身的五大即是圓壇漫荼羅，阿、鑁、嚂、訶、佉五字嚴身遍周法界。

「吾遍法界身自體」，內五大與外五大等同一如，所以現觀自身遍於法界，而法界身亦是自體，整個法界都是地、水、火、風、空五輪，地大黃色方形，其中有金色阿字；水大白色圓形，其中有鑁字雪乳商佉色，火大紅色三角形，其中形赤色的嚂字；風大缽形深青色，其中有深玄色發亮的訶字；空大寶形藍色或一切色，其中有深藍透明晶亮的佉字。這五輪塔遍滿整個法界。

「法爾實相不可得」，如是觀想之後，這法爾的實相就如同水映月一般，了不可得。

「諸佛亦遍法界身，無初無相示本初」，我們的自身遍滿於法界，而諸佛身亦是遍滿虛空，在此如果遍法界的觀修無法鞏固，則建議讀者練習《阿字觀》中的廣觀修法，而法爾實相不可得則可以歛觀修法來運用。

如果遍法界身修習很鞏固，則可現起平常的如初之身，即是像我們現在這個身體即可，如果修至此仍有疑惑存在，就以「諸佛亦遍法界身，無初無相示本初」這兩句偈可以當成廣、歛觀的方法來修習。

諸佛本然就是法界身遍滿，它沒有初始也無有相，而自然現起本初之相，也就是地、水、火、風、空。

入我我入平等相應

「吾身遍入諸佛身」，吾身遍入於諸佛身，我們修習廣觀的目的，是為了現起諸佛身；但是當我們尚未修習廣觀前，其實我們自身本然就在諸佛身當中了。

「歸命諸佛即圓滿」，所以當我們生起一念歸命諸佛，就是吾身遍入於諸佛之身，如此即是隨順如來覺性，而如來覺性即是如來。

「諸佛身入吾身中，諸佛攝護密入密，身界本等法界身，現成六大自瑜伽」，首先是諸佛身入於吾身當中，諸佛攝持護佑我們，這是以密入密，諸佛與我們身密相應。這是我入佛之身，佛入我之身，這是入我我入三密平等相應。如此則自身與法界平等法界身，法界現成六大（地、水、火、風、空、識）自在瑜伽。

「身語業入佛語密，自以語業讚諸佛，諸佛語密入吾身，諸佛教授真加持」，我們的身語業入於佛的語密，這要如何來進行呢？即是以自語業來讚誦諸佛，現前一切語音皆化為阿聲，而一切法界皆以阿聲來讚誦佛陀，整個法界的語聲都是在讚誦諸佛語音；一切語音都是無生阿聲，於是輾轉現出一切眾生，而一切眾生皆無所執，如是即是讚誦諸佛之聲。

諸佛常不說法者，是名具足多聞。所以一切語音讚誦諸佛，實無所讚誦。就如同維摩一默聲如雷。為什麼呢？因為一切都是阿聲，都是無生之聲。

所以我們要了解什麼是真正的語業，才能以此來讚誦諸佛。一切現成無初本入；諸佛現起一切教誡，眾生本如諸佛，一切無初現成，是真實為諸佛所加持，所以具受圓滿。

「十界語言法界語，現成金剛密實相」，一切十法界的任何語言音聲，乃至我們所見到的煙相現起也是音聲，光相的現起也是音聲，種種相的具現即是音聲。

十界語言法界語，一切眾相都是音聲，這是現成金剛的祕密實相，我們要如實了知一切如來的語金剛。

這是佛語入我語，我語入佛語。

「我自意業實相體，入佛意密體實相」，我們自身的意業即是實相的體性，以自意業入於佛意密，即是現成體性的實相。

「現知佛心吾自心」，如是現前了知佛之心是為吾之自心，如此即可名為不謗佛者。

「以佛意密實相體，入吾意業體實相」，佛的意密是實相之體，以佛的意密入於我們的意業，而我們的體性亦是實相之體，即是實相般若。

「諸佛觀照開示我」，諸佛放光加持吾等的意業，這是以意密、以心來開啟吾等之心。開示悟入，讓我們悟入佛之心，所以「我」空不可得故。由於諸佛密意的現成開示，現前說法，所以我們的心即是佛心。

「已成如來離因業，正覺圓滿三平等，平等三密遍法界」，已經成就如來果德，而遠離一切因業，正覺圓滿勝於三者寂靜平等，所以能夠現成三密平等遍於法界。

「現成五輪自瑜伽，六大常恆體性圓，五智四身十界具」，我們現在以平等三密來周遍法界，現前成就五輪來自成瑜伽，地、水、火、風、空、識六大常恆常瑜伽而體性圓滿，諸佛的五智（法界體性智、大圓鏡智、平等性智、妙觀察智、成所作智）、四身（自性身、等流身、變化身、受用身）、十法界（地獄、畜牲、惡鬼、修羅、人、天、聲聞、緣覺、菩薩、佛）都現前圓滿具足。

「諸佛平等三密相，眾生本具漫荼羅」，諸佛平等的身、語、意三密相，即是眾身本具的漫荼羅。

「實相體中自身本，五字嚴身成法界，阿鑁嚂訶佉體中，方圓角缽大空形」，它是實相體中自身的根本，我們現在以五字嚴身來成就法界，阿字方形，鑁字圓形，嚂字三角形，訶字缽形，佉大空形。

「一念安住本實相，相續無間本圓輪」，我們一念安住於本然實相之中，相續無間本來輪圓漫荼羅中。

「究竟實相大事業，無盡緣起盡時空」，這是究竟實相的廣大事業，所以無盡的緣起、無盡時空就是諸佛的五輪事業，我們一切所行就是如此，從此隨時安住於五輪塔觀中，自體即是本初大日如來。

現在依此因緣，介紹一個法門：百光遍照王。

《大日經》云：「又於首中置，百光遍照王，安立無垢眼，猶燈明顯照。如前住瑜伽，加持亦如是，智者觀自體，等同如來身。心月圓明處，聲鬘與相應，字字無間斷，猶如韻鈴鐸。正等覺真言，隨取而受持，當以此方便，速得成悉地。復次若觀念，釋迦牟尼尊，所用明字門，我今次宣說。」

百光遍照王所指的即是阿  字。因為這個法門的原文寫得很簡單，因此每個人所傳下來的方法就不盡相同。

首先介紹最簡單方法：

在我們的頂上觀想百光遍照王闇（aṃ）  字，依於空輪的妙相來化成百種金光，於是自己不斷地加持自身，這就形成了頂上圓光。

而在東密傳承中，是將中台八葉院諸尊的種子字，一輪一輪的排列，即變成百光遍照王。

這讓我想起泰國有些出家人，頭頂上有真言種子字的刺青。

我們可以隨時隨地觀想闇 𑖀𑖽 字，安住在頂上，隨時放光遍照。像香巴噶舉的阿字漏斗觀，是觀阿 𑖀 字在頂上，這些方法有些雷同，而百光遍照王是特別將阿 𑖀 字上再加空點成為闇 𑖀𑖽 字，有其特別的加持力，這是百光遍照王的修法。

五輪觀修習鞏固了，各位也可以加修百光遍照王。

八、外五輪觀

我為本初自如來　平等現成一切佛
無為金剛淨五蘊　六大瑜伽常圓滿
三密大悲胎生鬘　廣大金剛圓五智

現成空界即自體　本初大日普賢尊
清淨法界大空界　下方佉字遍十方
虛空不可得大空　自在周遍全法界
含容一切法界色　色色無礙自大空
空輪寶形佉字倒　如水月映法界入
相即相圓體中禪　海印三昧自圓生
空上倒缽成風輪　深青黑色聚大風
威怒大力持十方　大風輪中倒訶字
因業法爾無可得　自在廣大力瑜伽
風輪上倒三角焰　智火圖生猛銳火
染淨不可得嚂字　赤色光中初日暉
廣大火輪體性淨　圓滿般若波羅蜜
火上水月輪九重　光輪潔淨霧聚中

清涼能降一切水　圓淨法界遍體柔
水精月倒鑁字乳　自性流注離言說
水月輪上金剛地　方黃顯倒金色阿
性堅難壞本無動　力持剎塵一切國
如實相映內外輪　如體性中本海印
嚴淨佛國事如來　本來遊戲大日佛
本初佛界本初佛　圓顯法界海金剛

「我為本初自如來，平等現成一切佛」，我們自身為本初自如來，佛與眾生平等，所以現前成就一切諸佛。

「無為金剛淨五蘊，六大瑜伽常圓滿」，以無為金剛清淨五蘊（色、受、想、行、識），六大（地、水、火、風、空、識）瑜伽恆常圓滿。

「三密大悲胎生鬘，廣大金剛圓五智」，以佛的身、語、意三密，大悲胎藏出生漫荼羅鬘，廣大金剛圓滿五智（法界體性智、大圓鏡智、平等性智、妙觀察智、成所作智）。

「現成空界即自體，本初大日普賢尊」，整個現前所依止的空界都是自體，這是大家要深切體會的。

為什麼我們會見到自己這個自身？原因是因為一定有一個「我」在看這個自身，所以「我」不是自身，才能以「我」來看自身；這即是七識執八識為我的說法。

所以整個法界都是我們自身，這是現成空界即自體，即是本初普賢王如來，亦是大日如來尊。

海印三昧的外五輪觀

在此修法中，我們引入海印三昧的修法，這是與一般外五輪觀的不同之處，因為我們依止於體性之中，所以絕對沒有「我」與「外界」的對待分別，是如水相印而現起，以海印三昧的修法來現觀。

「下方佉字遍十方，虛空不可得大空」，下方是空輪佉𑖏字，這樣的看法基本上是認為下方是空的，這是佛教早期的普遍看法，在《華嚴經》中也是同樣的觀點。

下方佉𑖏字遍於十方，虛空不可得為佉字義，所以虛空不可得大空。

「自在周遍全法身，含容一切法界色，色色無礙自大空」，它自在周遍一切法界，含容法界一切色，而且色色無礙自大空。

「空輪寶形佉字倒，如水月印法界入，相即相圓體中禪，海印三昧自圓生」，空輪是寶形佉𑖏字是倒印著，如水月印入法界，這是「相入」的修法：如水入水；「相即」的修法是：如鏡印鏡，如摩尼寶印摩尼寶。這是相即相圓體性中的禪法，海印三昧的修法就自在圓生了。

我們自身是五輪塔，下面是海水，我們眼睛往下看，海水中印現出自身的倒影，自身的空輪印現著空輪，二者相互印照著，此時到底哪一個是主體呢？

「空上倒缽成風輪，深青黑色聚大風，威怒大力持十方，大風輪中倒訶字」，接著空輪上面是倒缽形的風輪，深青黑色聚集大風，忿怒威德具大力而能攝持十方，這是大風輪中的倒訶𑖮字。

「因業法爾無可得，自在廣大力瑜伽」，訶𑖮字是因業法爾不可得之義，所以自在廣大具力的大瑜伽。

「風輪上倒三角焰，智火圖生猛銳火，染淨不可得嚂字，赤色光中初日暉」，風輪上方是倒的三角火輪，智慧之火圓滿出生而極為猛銳。嚂𑖨𑖽字是染淨不可得之義，嚂字赤色的光明中顯示初日的日暉。

「廣大火輪體性淨，圓滿般若波羅蜜」，廣大的智慧火輪體性清淨，是圓滿般若波羅蜜的。

「火上水月輪九重，光輪潔淨霧聚中，清涼能降一切水，圓淨法界遍體柔」，火輪上是水月輪九重，這是悲水瑜伽。光輪皎潔清淨霧聚中，體性清涼能降伏一切的水輪，圓滿清淨法界遍體柔軟。

「水精月倒鑁字乳，自性流注離言說」，水精月輪上雪乳色的倒鑁 𑖪𑖽 字，鑁字是自性離於言說義。

「水月輪上金剛地，方黃顯倒金色阿」，水月輪上是金剛地基，它是黃色方形中有金色阿 𑖀 字。

「性堅難壞本無動，力持剎塵一切國」，地大體性堅固不壞，一切本然無動，其大力能攝持剎塵一切國土。

「如實相映內外輪，如體性中本海印」，我們內外五輪如實相印，就如同於體性的大智水中現起海印三昧。

鑁 𑖪𑖽 字是代表水大亦是大日如來種子字，鑁字等同大日如來。我們在水中現起內外五輪的統一，所以大日如來亦在此統一了我們的內外五輪。

「嚴淨佛國事如來，本來遊戲大日佛」，我們依此來莊嚴一切諸佛國土，清淨地服事一切諸如來。這是大日如來的本來遊戲，是金剛峰頂的本來遊戲。

「本初佛界本初佛，圓顯法界海金剛」，本初佛界的本初佛陀，圓滿顯示整個法界海的金剛如來。

九、迴向

五字嚴身六大觀　本初大日體三昧
光明遍照法界王　甚深迴向大圓滿
迴向毘盧遮那佛　佛力廣大自加持
法界有情現全佛　一切毘盧遮那佛
甚深迴向全法界　內外自身圓金剛
六大瑜伽本常住　三密圓滿無錯謬

四漫即顯大日尊
迴向諸佛法界眾
法爾眾生皆成佛
佛子勝修五輪圓
以法界力諸佛力
修證功德悉圓滿
人民心安住菩提
世出世財吉祥聚
堅住法界實相力
廣大無比智慧力
願此勝法傳無盡
有情眾生咸成佛
海印三昧自然顯

金剛行滿本初體
平等全佛賜吉祥
法界即成本初界
皆成法界大金剛
自善根力修迴向
國土清淨無災障
六大災障人禍離
勝喜空樂自無懼
圓具大慈大悲力
福智圓滿皆隨喜
全佛心明無盡燈
圓滿大日如來尊
一心祈請願無盡

五字嚴身觀可稱為六大觀或是五輪成身觀。這個觀法其實是整個本初法界大日如來體性的三昧，是光明遍界的法界王，我們甚深的迴向，祈求一切法界現成廣大圓滿。

我們迴向毘盧遮那佛，由於大日尊的佛力廣大加持，這也是自身加持自身，那麼法界有情現成全佛圓滿，一切都成為毘盧遮那佛。這也是我們修持五輪三昧時內五輪觀和外五輪觀的祈望。

甚深迴向給全體法界，內身是指我們自身，外身是整個宇宙，已無有內外分別對立，所以這內外身都是自身，都能圓滿成就大金剛。地、水、火、風、空、識六大，六大本然常住常瑜伽，身、語、意三密圓滿絕對無有錯謬。

由我們自身乃至法界。都是由四種漫荼羅所架構。法界一切從阿字本不生開始，一切祕義，建構法界一切萬象之理則，即是法漫荼羅；一切顯成眾相的形，即是三昧耶漫荼羅。

如同我們自身具有種種眾相，地、水、火、風、空；顯起一切能見之眾色即是大漫荼羅。

我們現起的色相、整個法界眾相就是大漫荼羅。

一切法界眾相的成、住、壞、空即是羯摩漫荼羅。

我們自身的行動、生死都是大日如來的遊戲，也是我們自身的遊戲。所以從現在起，自己的命運不要怪罪別人了，因為這一切都是自身玩耍的如幻遊戲，如此了解之後，這樣的一念翻轉，就是自身加持自身，也是大日如來加持大日如來，是以金剛行來圓滿諸佛的體性。

我們在此迴向一切諸佛及法界大眾，平等全佛能夠賜予廣大吉祥，這是我們的祈望及迴向。

迴向給法爾眾生皆能圓滿成佛，這法界即是本初法界即是無初之界，即普賢王如來現成法界，即是金剛界。

我們修習此五輪塔觀大圓滿，皆能成就法界大金剛，就如同時輪金剛、喜金剛、遍照金剛，如同一切金剛王。

這是三力加持，第一個是法界加持力，第二諸佛如來加持力，第三是自善根力，以此三個力加持修證迴向。

五輪塔觀的修證功德悉皆圓滿，國土清淨無有災障，所有事情都能圓滿。

我們迴向給台灣及這世界、法界的一切有情，所有眾生的心境都能平安，而安住於菩提當中，所有地、水、火、風、空、識六大的災障、人禍都能遠離。

所有世間，出世間財都能吉祥圓聚，能夠具足大力來幫助法界一切眾生，得致勝喜空樂且無有恐懼。

迴向我們能堅住於法界實相之力，圓滿具足大慈大悲之力，及無比廣大的智慧大力，一切福智圓滿皆能隨喜。

祈願此殊勝的法門——五輪塔觀，法門傳承無盡；全佛眾生心境圓明，成就無盡之燈。

有情眾生咸皆圓滿成佛，圓滿成就大日如來尊。

海印三昧能夠自然顯現，一心祈請願無盡——

吉祥圓滿！

附錄一

《大毘盧遮那成佛神變加持經》卷三（節錄）

大唐天竺三藏善無畏共沙門一行譯

爾時，毘盧遮那世尊復觀一切大會，告執金剛祕密主言：「金剛手！有諸如來意生，作業戲行舞，廣演品類，攝持四界安住心王，等同虛空，成就廣大見非見果，出生一切聲聞及辟支佛、諸菩薩位，令真言門修行諸菩薩一切希願皆悉滿足，具種種業，利益無量眾生。汝當諦聽，善思念之，吾今演說。祕密主！云何行舞，而作一切廣大成壞果，持真言者一切親證耶？」

爾時世尊而說偈言：「

行者如次第，　先作自真實，

如前依法住，　正思念如來。

阿字為自體，并置大空點，
端嚴遍金色，四角金剛標。
於彼中思念，一切處尊佛，
是諸正等覺，說自真實相。
修行不疑慮，自真實相生，
當得為世間，一切眾利樂，
具廣大希有，住於如幻句，
無始時宿殖，無智諸有迫，
行者成等引，一切皆消除，
若觀於彼心，無上菩提心，
持真言業故，於淨非淨果。
應理常無染，如蓮出淤泥，
何況於自體，得成仁中尊。」

爾時，毘盧遮那世尊又復住於降伏四魔金剛戲三昧，說降伏四魔解脫六趣，滿足一切智智金剛字句：

南麼三曼多勃馱喃　阿味囉許欠

時，金剛手祕密主等諸執金剛，普賢等諸菩薩及一切大眾，得未曾有開敷眼，稽首一切薩婆若，而說偈言：「

此諸佛菩薩，　救世諸庫藏，
由是一切佛，　菩薩救世者，
及與因緣覺，　聲聞害煩惱，
能遍所行地，　起種種神通。
彼得無上智，　正覺無上智，
是故願廣說，　此教諸方便。
及與布想等，　種種眾事業，
諸志求大眾，　無上真言行，

見法安住者，當得歡喜住。
說如是偈已，大日世尊言：
普皆應諦聽，一心住等引。
大金剛地際，時加持下身，
為說此法故，而現菩提座。
最勝阿字同，大因陀羅輪，
當知內外等，金剛漫荼羅。
中思惟一切，說名瑜伽座，
阿字第一命，是為引攝句，
常安大空點，能攝授諸果。
行者於一月，結金剛慧印，
三時作持誦，摧毀無智城，
得不動堅固，天脩羅莫壞，

乃至隨自意，　增益事成就。
行者一切常，　漫荼羅中作，
金色光明身，　上持髮髻冠，
正覺住三昧，　名大金剛句。
金剛蓮華刀，　素鵝及金地，
真陀末尼寶，　是等眾器物，
觀大因陀羅，　而作諸悉地。
今說攝持法，　一切一心聽，
行者一緣想，　八峰彌盧山，
上觀妙蓮華，　立金剛智印，
瑜伽者於上，　字門威焰光，
而用置其頂，　安住不傾動。
百轉所持藥，　行者應服之，

先世業生疾，　是等悉除愈。
佛子應復聽，　第一嚩字門，
雪乳商佉色，　而自臍中起，
鮮白蓮華臺，　而於彼中住，
甚深寂然定，　秋夕素月光，
如是漫荼羅，　諸佛說希有，
思惟以純白，　輪圓成九重，
住於霏霧中，　除一切熱惱。
淨乳猶珠鬘，　水精與月光，
普遍而流注，　一切處充滿。
行者心思惟，　出離諸障毒，
如是於圓壇，　等引作成就。
乳酪生熟酥，　頗胝迦珠鬘，

藕水等眾物，次第成悉地。
當得無量壽，應現殊特身，
一切患除息，天人咸愛敬。
多聞成總持，善慧淨無垢，
由斯作成就，速證悉地果。
是名寂災者，吉祥漫荼羅，
第一攝持相，安以大空點。
囉字勝真實，佛說火中上，
所有眾罪業，應受無擇報，
瑜祇善修者，等引皆消除。
所住三角形，悅意遍形赤，
寂然周焰鬘，三角在其心。
相應觀彼中，囉字大空點，

智者如瑜伽，　以此成眾事，
日曜諸眷屬，　及作一切火，
攝取發怨對，　消枯眾支分，
是等所應作，　皆於智火輪，
訶字第一實，　風輪之所生。
及與因業果，　諸種子增長，
彼一切摧壞，　并以大空點，
今說彼色像，　深玄大威德，
示現暴怒形，　焰鬘普周遍，
住漫荼羅位，　智者觀眉間，
深青半月輪，　吹動幢幡相，
而於彼中想，　最勝訶字門。
住彼漫荼羅，　成就所應事，

作一切義利，　應現諸眾生。
不捨於此身，　逮得神境通，
遊步大空位，　而成身祕密。
天耳眼根淨，　能開深密處，
住此一心壇，　而成眾事業。
菩薩大名稱，　初坐菩提場，
降伏魔軍眾，　諸因不可得，
因無性無果，　如是業不生。
彼三無性故，　而得空智慧，
大德正遍知，　宣說於彼色，
佉字及空點，　尊勝虛空空。
兼持慧刀印，　所作速成就，
法輪及羂索，　揭伽那刺遮，

并目竭嵐等，　不久成斯句。」

爾時，毘盧遮那世尊觀大眾會，告執金剛祕密主而說偈言：「

若於真言門，　修行諸菩薩，
阿字為自身，　內外悉同等。
諸義利皆捨，　等礫石金寶，
遠離眾罪業，　及與貪瞋等，
當得俱清淨，　同諸佛牟尼，
能作諸利益，　離一切諸過。
復次於嚩字，　行者依瑜伽，
解作業儀式，　利益眾生故，
內身救世者，　一切皆如是，
心水湛盈滿，　潔白猶雪乳，
當生決定意，　出於一切身，

悉遍諸毛孔，　流注極清淨，
從此內充溢，　遍滿於大地，
以是悲愍水，　觀世苦眾生，
諸有飲用者，　或復身所觸，
一切皆決定，　得成就菩提。
思惟在等引，　一切囉字門，
周輪生焰光，　寂然而普照，
瑜祇光外轉，　而遍一切處，
利世隨樂欲，　行者起神通。
上身囉字門，　嚩字臍輪中，
出火而降雨，　俱時而應現，
地獄極寒苦，　囉字能消除。
嚩字蠲熾然，　住真言法故，

囉字為下身，　訶字為標幟，
作業速成就，　救重罪眾生。
住大因陀羅，　作水龍事業，
一切攝除等，　真言者勿疑。
風遍一切處，　一切悉開壞，
此種種雜類，　各各眾事業，
色漫荼羅中，　依法而作之。
觸心而念持，　逮得意根淨，
輕舉習經行，　中誦獲神足，
宴坐觀阿字，　想在於耳根，
念持滿一月，　當得耳清淨。」

祕密主！如是等意生悉地句，祕密主！觀此無有形色、種種雜類眾行生，於思念頃，纔轉誦之，能作如是一切善業種子。

復次，祕密主！如來無所不作，於真言門修行，諸菩薩同於影像，隨順一切處，隨順一切真言心，悉住其前，令諸有情咸得歡喜，皆由如來無分別意離諸境界。而說偈言：「

無時方造作，　離於法非法，
能授悉地句，　真言行發生。
是故一切智，　如來悉地果，
最為尊勝句，　應當作成就。」

成就悉地品第七

時吉祥金剛，　奇特開敷眼，
手轉金剛印，　流散如火光。
其明普遍照，　一切諸佛剎，
微妙音稱歎，　法自在牟尼。

說諸真言行，　彼行不可得，
真言從何來，　所去至何所。
諸佛說如是，　更無過上句，
一切法歸趣，　如眾流赴海。
如是說已，世尊告執金剛祕密主言：「
摩訶薩意處，　說名漫荼羅。
諸真言心位，　了知得成果，
諸有所分別，　悉皆從意生。
分辯白黃赤，　是等從心起，
決定心歡喜，　說名內心處。
真言住斯位，　能授廣大果，
念彼蓮華處，　八葉鬚蘂敷。
華臺阿字門，　焰鬘皆妙好，

光暉普周遍，照明眾生故。
如合會千電，持佛巧色形，
深居圓鏡中，應現諸方所。
猶如淨水月，普現眾生前，
知心性如是，得住真言行。
次於其首上，頂會交際中，
標以大空點，而思惟暗字。
妙好淨無垢，如水精月電，
說寂靜法身，一切所依持。
諸真言悉地，能現殊類形，
得天樂解脫，逮見如來句。
囉字為眼界，輝燭猶明燈，
俛頸小低頭，舌近於齶間。

而以觀心處，當心現等引，
無垢妙清淨，圓鏡常現前。
如是真實心，古佛所宣說，
照了心明達，諸色皆發光。
真言者當見，正覺兩足尊，
若見成悉地，第一常恆體。
從此次思惟，轉此囉字門，
邏字大空點，置之於眼位。
見一切空句，得成不死句，
若欲廣大智，或起五神通。
長壽童子身，成就持明等，
真言者未得，由不隨順之。
真言發起智，是最勝實知，

一切佛菩薩，　救世之庫藏。
由是諸正覺，　菩薩救世者，
及諸聲聞等，　遊陟他方所。
一切佛剎中，　皆作如是說，
故得無上智，　佛無過上智。」

附錄二 《大毘盧遮那成佛神變加持經》卷五（節錄）

大唐天竺三藏善無畏共沙門一行譯

祕密漫荼羅品第十一

爾時，薄伽梵毘盧遮那，以如來眼觀察一切法界，入於法界俱舍，以如來奮迅平等莊嚴藏三昧，以現法界無盡嚴故，以是真言行門，度無餘眾生界，滿足本願故。

時，佛在三昧中，於如是無盡眾生界，從眾聲門出隨類音聲，如其本性，業生成熟，受用果報，顯形諸色，種種語言，心所思念，而為說法，令一切眾生皆得歡喜。復於一一毛孔，法界增身出現，出已，等同虛空，於無

量世界中以一音聲法界語表，演說如來發生偈：「

能生隨類形，　諸法之法相，
諸佛與聲聞，　救世因緣覺，
勤勇菩薩眾，　及仁尊亦然。
眾生器世界，　次第而成立，
生住等諸法，　常恆如是生。
由具智方便，　離於無慧疑，
而觀此道故，　諸正遍知說。」

爾時，法界生如來身，一切法界自身表化雲遍滿。毘盧遮那世尊纔生心頃，諸毛孔中出無量佛，展轉加持已，還入法界宮中。

於是，大日世尊復告持金剛祕密主言：「祕密主！有造漫荼羅聖尊分位、種子幖幟，汝當諦聽，善思念之，吾今演說。」持金剛祕密主言：「如是，世尊！願樂欲聞。」時，薄伽梵以偈頌曰：「

真言者圓壇，　先置於自體，
自足而至臍，　成大金剛輪，
從此而至心，　當思惟水輪，
水輪上火輪，　火輪上風輪，
次應念時地，　而圖眾形像。」

爾時，金剛手昇於大日世尊身語意地，法平等觀，念彼未來眾生，為斷一切疑故，說大真言王曰：

南麼三曼多勃馱喃一　阿三忙引鉢多二合達摩馱覩二　蘖登底孕反蘖哆喃三　薩婆他引四　暗引欠引暗噁五　糝索六　含鶴七　嚂落八　鑁嚩九急呼　莎訶𤙖十　嚂落訶囉二合鶴十一　莎訶嚂落十二　莎訶十三

持金剛祕密主說此真言王已，時，一切如來住十方世界，各舒右手摩執金剛頂，以善哉聲而稱歎言：「善哉，善哉，佛子！汝已超昇毘盧遮那世尊身語意地，為欲照明一切方所，住平等真言道諸菩薩故，說此真言王。何以故？毘盧遮那世尊、應、正等覺坐菩提座，觀十二句法界，降伏四魔。此法界生，三處流出，破壞天魔軍眾。次得世尊身語意平等，身量等同虛空，語意量亦如是。逮得無邊智生，於一切法自在而演說法，所謂此十二句，真言之王。佛子！汝今現證毘盧遮那世尊平等身語意故，眾所知識，同於正遍知者。」而說偈言：「

汝問一切智，　大日正覺尊，
最勝真言行，　當演說法教。
我往昔由是，　發覺妙菩提，
開示一切法，　令至於滅度，
現在十方界，　諸佛咸證知。」

爾時，具德金剛手心大歡喜，諸佛威神所加持故。而說偈言：「

是法無有盡，　無自性無住，
於業生解脫，　同於正遍知，

諸救世方便，　隨於悲願轉，

開悟無生智，　諸法如是相。」

時，執金剛祕密主復說優陀那偈，請問毘盧遮那世尊，於此大悲藏生大漫荼羅，決斷所疑，為未來世諸眾生故。

已斷一切疑，　種智離熱惱，

我為眾生故，　請問於導師。

曼荼羅何先？　惟大牟尼說。

阿闍梨有幾？　弟子復幾種？

云何知地相？　云何而擇治？

云何當作淨？　云何彼堅住？

及淨諸弟子，　惟願導師說。

云何已淨相？　以何而作護？

云何加持地？　事業誰為初？

修多羅有幾？　云何作地分？
幾種修供養？　云何花香等？
此華當獻誰？　香亦復如是。
云何而奉獻？　應以何花香？
諸食與護摩，　各以何軌儀，
及諸聖天座，　願說此教法。

附錄三 《大毘盧遮那成佛神變加持經》卷七（節錄）

大唐天竺三藏善無畏共沙門一行譯

大日如來種子心曰

南麼三曼多勃馱喃阿

阿字門，所謂一切法本不生故，已如前說。

是中身密印，　正覺白毫相，
慧手金剛拳，　而在於眉間。

如來毫相真言曰：

南麼三曼多勃馱喃　阿（去聲急呼）**痕若**（急呼）

如前轉阿字，　而成大日尊，

法力所持故，　與自身無異。
住本尊瑜伽，　加以五支字，
下體及臍上，　心頂與眉間。
於三摩呬多，　運相而安立，
以依是法住，　即同牟尼尊。
阿字遍金色，　用作金剛輪，
加持於下體，　說名瑜伽座。
鑁字素月光，　在於霧聚中，
加持自臍上，　是名大悲水。
囕字初日暉，　形赤在三角，
加持本心位，　是名智火光。
唅字劫災焰，　黑色在風輪，
加持白毫際，　說名自在力。

佉字及空點，相成一切色，
加持在頂上，故名為大空。
此五種真言心第二品中已說（又此五偈傳度者頗以經意足之使文句周備也）。
五字以嚴身，威德具成就，
熾然大慧炬，滅除眾罪業。
天魔軍眾等，及餘為障者，
當見如是人，赫奕同金剛。
又於首中置，百光遍照王，
安立無垢眼，猶燈明顯照。
如前住瑜伽，加持亦如是，
智者觀自體，等同如來身。
心月圓明處，聲鬘與相應，
字字無間斷，猶如韻鈴鐸。

正等覺真言，　隨取而受持，
當以此方便，　速得成悉地。
復次若觀念，　釋迦牟尼尊，
所用明字門，　我今次宣說。

釋迦種子，所謂婆字門，已於前品中說。

是中聲實義，　所謂離諸觀，
彼佛身密印，　以如來鉢等。
當用智慧手，　加於三昧掌，
正受之儀式，　而在於臍輪。

釋迦牟尼佛真言曰：

南麼三曼多勃馱喃一　薩婆吃麗二合奢喱素捺那二　薩婆達摩嚩始多引鉢囉引二合鉢多二合三　伽伽娜三摩引三摩四　莎訶五

如是，或餘等正覺密印真言，各依本經所用；亦當如前方便，以字門觀轉，作本尊身，住瑜伽法，運布種子，然後持誦所受真言。

若依此如來行者，當於大悲胎藏生漫荼羅王，得阿闍梨灌頂，乃應具足修行，非但得持明灌頂者之所堪也。其四支禪門方便次第，設餘經中所說儀軌有所虧缺，若如此法修之，得離諸過。

以本尊歡喜故，增其威勢，功德隨生。又持誦畢已，輒用本法而護持之，雖餘經有不說者，亦當通用此意，令修行人速得成就。

復次本尊之所住，漫荼羅位之儀式，
如彼形色壇亦然，依此瑜伽疾成就。
當知悉地有三種，寂災增益降伏心，
分別事業凡四分，隨其物類所當用，
純素黃赤深玄色，圓方三角蓮華壇。
北面勝方住蓮座，淡泊之心寂災事，
東面初方吉祥座，悅樂之容增益事，

西面後方在賢座，喜怒與俱攝召事，
南面下方蹲踞等，忿怒之像降伏事。
若知祕密之幖幟，性位形色及威儀，
奉花香等隨所應，皆當如是廣分別，
淨障增福圓滿等，捨處遠遊摧害事。
真言之初以唵字，後加莎訶寂災用，
若真言初以唵字，後加𤙖發攝召用，
初後納麼增益用，初後𤙖發降伏用，
𤙖字發字通三處，增其名號在中間。
如是分別真言相，智者應當悉知解。

附錄四 《五輪九字明祕密釋》（節錄）

如地生萬物，𑖀字大地出生，六度萬行亦復如是。

地者堅固之義，大菩提心堅固不退，必結萬德果。

若真言行者於得投華時，於𑖀字心地本有菩提心上，植始覺菩提心種，永離疫病等橫墮之因，速至無上菩提，當知是人一字頂輪王種姓。故不輕己身，可行菩提行。

於此真言法，疑謗逆緣猶勝三乘教順行，何況得投華，何況修信行人。

是則𑖀字生長義，𑖪𑖰字是縛，畫是無礙三昧，即不思議解脫。

𑖪字水大能洗煩惱塵垢，心身精進菩提萬行不散亂，𑖪字水大不散義，是則性德圓海。

𑖨字淨六根義，能燒業煩惱薪，淨除六根罪障，證菩提果。

𑖮字有三義，𑖮𑖄𑖦也，具如吽字義。又三解脫門，如風大能掃輕重塵類。

𑖮字風大能掃八萬塵勞，證四涅槃理；𑖮字因緣之風止息時，是名大涅槃安樂。

𑖏字大空義，周遍法界等空無礙義。如空大，能不障萬有生長。𑖏字空大遍淨穢國能成凡聖依正。

善無畏三藏云：金剛頂之肝心，《大日經》之眼精，最上福田殊勝功德，唯在五字金剛真言。若有受持，所獲功德不可比量。永無災障及諸病苦，消滅重罪，雲集眾德。又父母所生身，速證大覺位。若日誦一遍，或誦二十一遍乃至四十九遍，校量一遍如轉藏經一百萬遍十二分教，此真言之能讚文。

五大、五輪、六大法界、十界輪圓，一切眾生色心實相自身成佛圖云：安立器世界。

安立器世界(一)

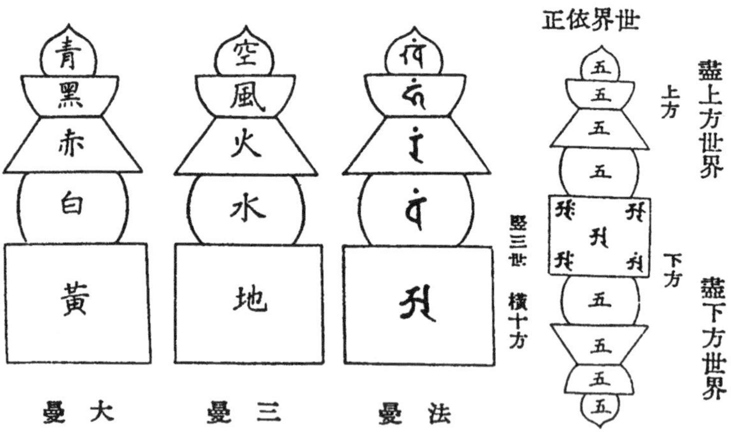

安立器世界(二)

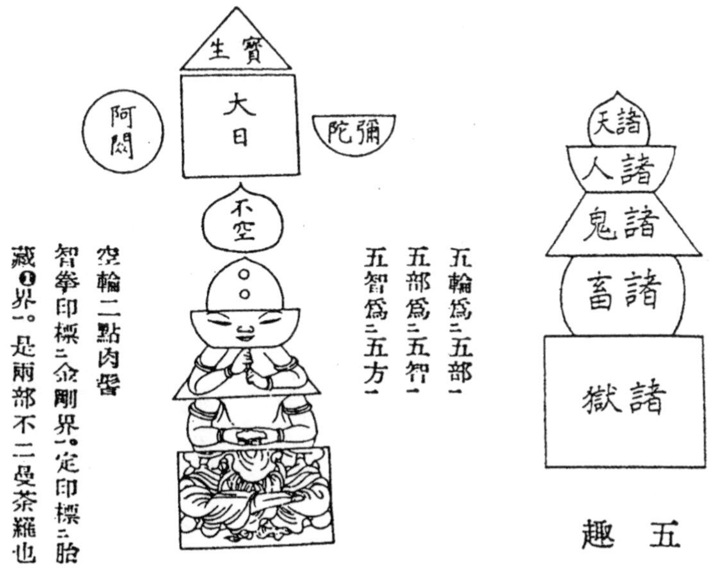
寶生
大日
阿閦
彌陀
不空
五輪爲五部
五部爲五智
五智爲五方
空輪二點肉髻
智拳印標金剛界。定印標胎藏界。是兩部不二曼荼羅也
諸天
諸人
諸鬼
諸畜
諸獄
五趣

右五輪名又名：頂輪、面輪、胸輪、腹輪、膝輪，依行者立名。金剛界以𑖪𑖽字，一字變成五輪，胎藏界以𑖀𑖾字，一字現五輪；或共以𑖀𑖪𑖨𑖮𑖏成五輪世界。

若約行者，以白淨信心為五輪種子。白淨信心者淨菩提心，是則如實知自心。豎者顯十重淺深，橫者示塵數廣多。

余如出生國時，三毒罪業任羝羊妄想，可墮三途八難，如實知自心惡業，自別無明父母之家已來，更捨名利心，深信無盡莊嚴恆沙己有；是則一重如實知自心，如周處離三害，未生悔三途，如實知持齋節食之理，時時受八關，倍倍願成果。雖然紫宸殿前生舊所，五欲妙境眼前所厭，如實知自心。

初禪高臺過去慢所，離生喜樂久受不新，如實知嬰童自心，漸知火宅薪眠聲緣室，如實知二乘小滅，勿味著生空理。

他緣廢詮，性有差別，覺心不生，獨空慮絕。如實不知有病空疾。

出三大遠路，期芥石盡，法華本佛猶指五百始，華嚴果佛亦留不談說，是分如實知自心。

未滿如實知自心，五相五智之祕密，智界理界之莊嚴，自覺本初之住心，是名自然覺，又名如實知自心。

深義更問，一切眾生色心實相，無始本際毘盧遮那平等智身，色者色蘊，開為五輪，心者識大，合為四蘊，是則六大法身法界體性智。

五輪各具眾德，故名為輪，體相廣大，稱為大名；五佛自覺覺他故名為佛；五智簡擇決斷故名為智。

色者不離心，五大即五智；心者不離色，五智即五輪。色即是空，萬法即五智；空即是色，五智即萬法；色心不二故，五大即五藏，五藏即五智，圖云：

肝藏主眼　阿賴耶識
大圓鏡智　寶幢佛
阿閦　藥師　發菩提心
東　木　春　青

肺藏主鼻　意識
妙觀察智　轉法輪智
無量壽　證菩提果
西　金　秋　白

心藏主舌　末那識
平等性智　華開敷
寶生　多寶　行菩提行
南　火　夏　赤

腎藏主耳　五識

成所作智　不空成就

釋迦　天鼓音　入涅槃理

北　水　冬　黑

脾藏主口　奄摩羅識

法界體性智　毘盧遮那

佛　具足方便

中央　土用　黃

已上無畏三藏傳

土。地。鎮星。中央。黃。土公。堅牢地神。

水。水。辰星。北方。黑。水天。龍神。江河水神。

火。火。熒惑星。南方。赤。火天。火神。

金。風。太白星。西方。白。金神。風神。

木。空。歲星。東方。青。木神。虛空天。空神。

已上不空三藏傳

自心發菩提。大圓鏡智。寶幢。阿閦。東方。

即心具萬行。平等性智。華開。寶生。南方。

見心正等覺。妙觀察智。阿彌陀佛。西方。

證心大涅槃。成所作智。天鼓。不空。釋迦。北方。

發起心方便。法界體性智。大毘盧遮那佛。中央。

密嚴淨土理智不二五佛五智，即金剛界是胎藏五佛五智。

發菩提心。大圓鏡智。阿閦。寶幢。

行菩提行。平等性智。寶生。華開。

成菩提果。妙觀察智。阿彌陀佛。

入涅槃理。成所作智。不空。天鼓。釋迦。

方便具足。法界體性智。大日如來。

金剛界不二摩訶衍五佛心王，是即胎藏，即是金剛界不二、五佛、五智。如知此字五輪，餘字母亦復如是，各具五智故，亦有無際智圓鏡力故，實覺智，此名自心成佛。若行者於四時中不令間斷，在眠在覺觀智不離，順三摩地，即身成佛此生非難。

附錄五　《尊勝佛頂脩瑜伽法軌儀》卷上（節錄）

三藏善無畏譯

尊勝真言持誦法則品第二

復次若欲作法念誦時，先須入淨法界三摩地，於頂上想有𑖨𑖽嚂字，三角智火形，色如日初出時，遍身為智火焚燒四大五蘊，唯有空寂。其法界真言曰：

娜摩三曼多勃馱喃嚂𑖨𑖽

心念口誦，想頂及遍體為三角智火形，如上圖。

次即入五輪三摩地，便入金剛輪三摩地，觀己身臍已下方形紫金色，為金剛輪。便誦真言曰：

娜麼三曼多勃馱喃阿 𑖀

每字想時，口誦並歸命，心想本體字，其形如圖，阿字金剛輪黃色。

次觀臍中 𑖪 嚩字，為大悲水輪，色如商佉或如乳色，形如滿月，如圖在下。鑁字水輪真言曰：

娜摩三曼多勃馱南鑁 𑖪𑖽

次說火輪真言曰：

那摩三曼多勃馱南嚂 𑖨𑖽

當心上觀三角火輪，色如日初出時，火焰猛利如劫火形，其形如三角曼荼羅。

次想 𑖮 訶字，大空點，形如仰月黑色，名 𑖮𑖽 含字，即是天風輪，安置於眉上鬉[illegible]如劫風 。

次觀於頂上 𑖏𑖽 欠字，大空輪具一切色種種眾形，號為大空輪。

此名為五智輪，謂地、水、火、風、空，即以普通印加持五支，即成真實智。即說普通真言曰：

唵薩婆他欠溫那蘗諦薩叵囉醢𦜕伽伽那劍莎嚩賀

次以定慧二手叉十輪，頂戴及以加五支，即成金剛不壞身。即入三昧耶故，即同一切諸佛菩薩三昧耶身，作三昧耶身施作佛事。先入三昧耶，真言曰：

唵嚩日囒惹里三麼野

每加印處，並誦真言而加持之。其手印相智定相叉，齊輪合掌以智押禪，此名一切佛心三昧耶印。

因作此印生一切印，是故先作此印從三昧耶起。即同從三昧加持

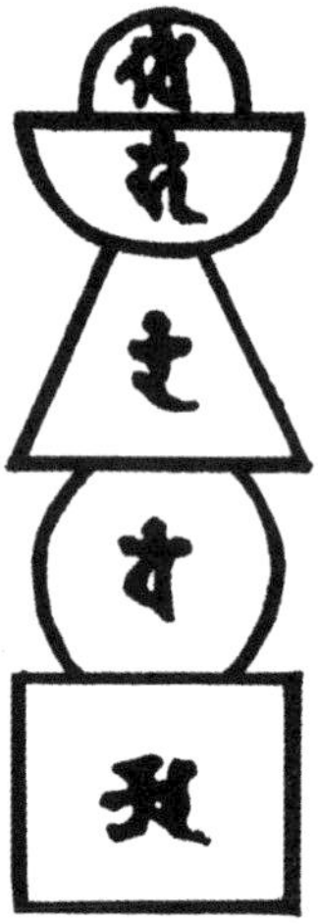

一本無此圖也

五處，頂及咽喉即名五支，其五輪圖如上頁。

大空點具種種色，名為欠字哈字風大藍字火大鑁字水大阿字地大。金剛輪腰下，大空輪頂上，風輪眉上，火輪心上，水輪臍中。

即去有為，五蘊四大立；無為金剛，不壞五蘊。即名無漏智身，即無為。

曼荼羅地亦然，其曼荼羅五輪加持，名為地、水、火、風、空，去有為五大，立無為五大，故先觀曼荼羅地相時，先從空起上觀風等如下圖。

全佛文化藝術經典系列

大寶伏藏【灌頂法像全集】

蓮師親傳•法藏瑰寶，世界文化寶藏•首度發行！
德格印經院珍藏經版•限量典藏！

本套《大寶伏藏—灌頂法像全集》經由德格印經院的正式授權全球首度公開發行。而《大寶伏藏—灌頂法像全集》之圖版，取自德格印經院珍藏的木雕版所印製。此刻版是由西藏知名的奇畫師—通拉澤旺大師所指導繪製的，不但雕工精緻細膩，法像莊嚴有力，更包含伏藏教法本自具有的傳承深意。

《大寶伏藏—灌頂法像全集》共計一百冊，採用高級義大利進美術紙印製，手工經摺本、精緻裝幀，全套內含：

•三千多幅灌頂法照圖像內容　•各部灌頂系列法照中文譯名

附贈　•精緻手工打造之典藏匣函。
•編碼的「典藏證書」一份與精裝「別冊」一本。

（別冊內容：介紹大寶伏藏的歷史源流、德格印經院歷史、《大寶伏藏—灌頂法像全集》簡介及其目錄。）

全佛文化白話佛經系列

白話華嚴經 全套八冊

國際禪學大師 洪啟嵩語譯　定價NT$5440

八十華嚴史上首部完整現代語譯！

導讀 + 白話語譯 + 註譯 + 原經文

《華嚴經》為大乘佛教經典五大部之一，為毘盧遮那如來於菩提道場始成正覺時，所宣說之廣大圓滿、無盡無礙的內證法門，十方廣大無邊，三世流通不盡，現前了知華嚴正見，即墮入佛數，初發心即成正覺，恭敬奉持、讀誦、供養，功德廣大不可思議！本書是描寫富麗莊嚴的成佛境界，是諸佛最圓滿的展現，也是每一個生命的覺性奮鬥史。內含白話、注釋及原經文，兼具文言之韻味與通暢清晰之白話，引領您深入諸佛智慧大海！

密乘寶海14

《五輪塔觀—密教建立佛身的根本大法》

作　　者　洪啟嵩
執行編輯　吳霈媜、莊慕嫻
校　　對　詹育涵
插　　畫　明星
封面設計　張士勇工作室
出　　版　全佛文化事業有限公司
訂購專線：(02)2913-2199
傳真專線：(02)2913-3693
發行專線：(02)2219-0898
匯款帳號：3199717004240 合作金庫銀行大坪林分行
戶　　名：全佛文化事業有限公司
http://www.buddhall.com
全佛門市：覺性會館・心茶堂／新北市新店區民權路88之3號8樓
門市專線：(02)2219-8189

行銷代理　紅螞蟻圖書有限公司
台北市內湖區舊宗路二段121巷19號（紅螞蟻資訊大樓）
電話：(02)2795-3656　傳真：(02)2795-4100

初　　版　二○一○年十一月
初版二刷　二○一二年七月
定　　價　新台幣二九○元
ISBN　978-986-6936-44-9(平裝)

Buddhall

Published by BuddhAll Cultural Enterprise Co.,Ltd.

國家圖書館出版品預行編目資料

五輪塔觀：密教建立佛身的根本大法
洪啟嵩作.-- 初版. --
臺北市：全佛文化, 2010.11
面；　公分. -- (密乘寶海；14)
ISBN 978-986-6936-44-9(平裝)

1.密宗　2.佛教修持
226.916　　99020616

BuddhAll

BuddhAll.

All is Buddha.

BuddhAll